JOSÉ MELI MUNDI

NAVEGANDO EN LA TORMENTA DE LOS MERCADOS
MÉTODO *TRADING BY SURFING*

*"Al igual que el Surfing en el mar, el Trading es una disciplina
que requiere de mucho conocimiento del medio en que se
desarrolla: el mar del mercado. No se requiere ser un experto
en Meteorología para surfear bien. Sólo hay que aprender a
leer en los vientos, en la superficie del agua, en las corrientes,
para predecir los próximos movimientos que permitan
lanzarse a correr las olas del mercado".*

www.savingtrust.cl

Navegando en la Tormenta de los Mercados, Método Trading by Surfing

© José Meli Mundi. Saving Trust S.A., 2008
Fono: 56-2-2283077
Dirección: Coronel Pereira 72, Santiago, Chile
Página web www.savingtrust.cl

© BN Publishing
Fax: 1 (815)6428329
Contact Us: info@bnpublishing.net
www.bnpublishing.net

ISBN Nº 1607960222

Primera edición, octubre de 2008

Diseño y diagramación: Elba Peña R.

Diseño Portada: José Andrés Neuman

ÍNDICE

AGRADECIMIENTOS

Me llena de orgullo agradecer a mi hijo Conrado por su aporte a una operación disciplinada, que induzca a declarar con anticipación las reglas a respetar, tanto en la entrada como en la salida de cada operación.

Agradezco a Cecilia, mi compañera de toda la vida, que siempre ha alentado las manifestaciones de mi hemisferio derecho. Este libro es una de ellas.

LA BÚSQUEDA

... *y el profeta se levantó y comenzó a dirigir su discurso a la multitud reunida en el mercado de la plaza de la ciudad.*

"¡Oh, hermanos míos! ¿Vosotros realmente desearíais conseguir la verdad sin tribulaciones, el conocimiento en forma fácil, grandes logros sin esfuerzo y progresos sin sacrificios?".

Inmediatamente la multitud se apiñó en torno a él y comenzó a gritar entusiasmada: "¡Sí, síí, sííí...por favor!"

"Excelente, me parece justo...", dijo el profeta. "Yo os preguntaba porque sólo quería saber... Esperáos sentados a la sombra, y si algún día descubro algo así, confiad que vendré a comunicároslo."

Cuento Sufí

CARTA AL LECTOR

La Internet es uno de los inventos que ha sido el causante de un salto increíble de la humanidad. La tecnología de la información ha cambiado la forma de pensar, de hablar, de trabajar y de comunicar de las personas. No quiero desmerecer en lo absoluto el apacible mundo de antaño, en que el lento transcurrir de los acontecimientos nos brindaban esos bucólicos momentos sin la vorágine *a que nos vemos sometidos en estos días... Pero el mundo ya cambió y es impensable hoy en día vivir sin la información al instante que nos proporciona Internet. Quienes no adopten estos cambios a su vida se privarán sencillamente de toda esta maravilla.*

Con la irrupción de la Internet nuestra generación está viviendo el umbral de una nueva era. Los increíbles avances tecnológicos en este campo han ayudado a abrir las puertas ocultas del templo de las transacciones de los mercados. Los antiguos compartimientos llenos de trabas, concebidos para mantener al público ignorante de los beneficios de los brokers, *se han derrumbado mostrando una total transparencia. Con la Internet el vacío de información entre el origen de una operación y el inversionista ha quedado reducido prácticamente a cero. La nueva normativa para gestionar las órdenes de compra o venta ha cambiado para siempre la manera de trabajar de* los brokers. Y los inversionistas, que ya son cada vez más sofisticados, se encargarán que esta situación ya no vuelva atrás.

La total democratización de los mercados nunca había estado más cerca que ahora. La globalización de la economía mundial induce a visualizar que en un futuro no muy lejano habrá una sola bolsa en todo el planeta que interconectará los mercados de todos los países, haciendo que las bolsas locales como las concebimos hoy día, se encaminen a su fin. Los inversionistas modernos que se han atrevido a transar en forma directa en las bolsas internacionales ya gozan de los beneficios que el trading online les ofrece, en cuanto a costo, diversificación, profundidad y transparencia.

En estos momentos se encuentran establecidas las bases para un verdadero gigante, el Mercado de Valores del mundo globalizado con transacciones de todas las especies transables, acciones, divisas, commodities tales como Oro, Petróleo, Cobre, Café y todo lo imaginable; constituyendo así un único mercado mundial.

Esta revolución ha sido impulsada en los últimos diez años causando una revolución fenomenal en los mercados y como resultado de ello, inversionistas grandes o pequeños, novatos o profesionales, pueden acceder hoy día con tan sólo un click a los mayores mercados mundiales, directamente desde la comodidad de su casa o de su oficina.

A pesar que el transar ofrece una mezcla interminable de placer y frustraciones, es una actividad sencillamente fascinante. El tiempo parece detenerse frente a los gráficos a tiempo real y se viven en primera fila los acontecimientos mundiales que a la mañana siguiente serán titulares de primera plana en los diarios del mundo. Incluso cuando el mercado es más difícil y las oportunidades para realizar operaciones exitosas se convierten en escasas, sigo sintiendo la misma emoción cada mañana.

Este "juego" que denominamos trading online *es una de las tareas más complicadas que puedan llevarse a cabo. Pero a pesar de ello, me ha producido una fascinación mayor que mi profesión de Ingeniero Químico.*

Mi encantamiento por el trading *me asegura que siempre estaré buscando superar cualquier obstáculo hacia el éxito. No es la acumulación de dinero el motor de mi vida. Trabajar en esta actividad, "integrando un grupo de personas afines que gustan del tema, que permita ofrecer un servicio valioso a nuestros clientes", es lejos lo más entretenido que me ha pasado en mi vida profesional.*

José Meli

CAPÍTULO 1.
INTRODUCCIÓN

La disciplina del *trading online* aplicado al mercado Forex es una actividad muy reciente que ha emergido con fuerza arrolladora en el siglo XXI. Gracias al desarrollo de la banca, que ha logrado rebajar los montos mínimos de capital requerido, y a la tecnología de Internet, se ha permitido la incorporación masiva de participantes individuales haciendo que en los últimos años el mercado Forex se haya incrementado más rápido que ninguno otro en la historia, con un aumento de más de 700%, pasando de los U$ 5.000 millones en transacciones diarias en el año 1997 a más de U$ 3.500.000 millones diarios actualmente!

El mercado cambiario "FOREX" es la abreviación en inglés de *Foreign Exchange Currency Market*, Mercado de Intercambio de Monedas Extranjeras o FX. Las monedas o divisas son los últimos *commodities* que han salido al mercado y han sido realmente una revelación. Cada vez que una empresa o los gobiernos compran o venden productos y servicios en un país extranjero, están sujetos a un comercio de divisas que lleva implícito el cambio de una moneda por otra.

El tamaño del mercado de divisas es mucho mayor que todas las bolsas estadounidenses combinadas, con un volumen de intercambio diario más grande que el de todas bolsas del mundo en su conjunto. El negocio de las monedas extranjeras, Forex, es el eje central de las principales plazas financieras alrededor del mundo como Nueva York, Londres y Tokio, creando un sólo e inmenso mercado internacional con montos de transacciones gigantescos.

Cada día de los mercados comienza con el amanecer del continente Australiano en la ciudad de Sidney, y luego se van lentamente incorporando a lo largo del día los otros centros financieros de negocios como Tokio, Londres, y finalmente New York. Como en cualquier otro mercado, los inversionistas van reaccionando y reflejando en sus transacciones todos los eventos económicos, sociales y políticos que van ocurriendo en los diferentes países durante el día y la noche, en un mundo donde sus mercados están finalmente globalizados e interconectados al instante!

El Forex es el mercado más rápido, más líquido y de mayor crecimiento en el mundo financiero moderno. Es un mercado vibrante y emocionante que reúne al más diverso grupo de inversionistas de las esquinas más remotas del planeta. A diferencia de otros mercados financieros, Forex no cuenta con una localización física o una bolsa centralizada de operaciones. Por esto es considerado un *"Over the counter market"* donde compradores y vendedores, incluidos bancos, corporaciones e inversionistas se encuentran para realizar sus transacciones. Este mercado opera por teléfono, por Internet o a través de una red electrónica de bancos, intercomunicando a corporaciones, empresas e inversionistas individuales que cambian una moneda por otra.

La ausencia de un lugar de intercambio físico permite al mercado cambiario de divisas operar las 24 horas del día, abarcando diferentes zonas horarias a través de los centros financieros más importantes. La diversidad de los canales de comunicación y el enorme volumen de los participantes de este mercado hacen imposible manipular la dirección de estos mercados, especialmente por parte de los Gobiernos de los países del mundo.

Sólo el 5% del volumen es transado por compañías y gobiernos que compran o venden productos y servicios a otros países, o deben convertir las ganancias de sus negocios realizadas en el extranjero en moneda local. El otro 95% del volumen intercambiado es transado por inversionistas individuales y organizaciones que también negocian divisas con propósitos especulativos. La incomparable liquidez y la actividad sin descanso 24 horas al día, 5 días la semana hacen de este mercado el paraíso ideal para los *traders* profesionales.

Pero los mercados de divisas están hoy en día marcados por la volatilidad producida por los diferentes acontecimientos de las economías de los países rectores del sistema financiero mundial y cada vez es más difícil predecir su comportamiento en el corto plazo en base a la interpretación "lógica" de los reportes de cifras económicas típicas. Estos informes son los que agitan los mercados cada vez que son periódicamente emitidos. Pero está probado que, luego de la emisión de alguno de ellos, muchas veces la masa de especuladores logra desplazar momentáneamente en sentido contrario a la lógica del mercado. Estos movimientos inesperados pueden derrotar fácilmente al operador mas ducho que aplique cualquier estrategia fundamental o de análisis técnico clásico.

Mirado así el mercado de las divisas, en un entorno en que tanto el análisis fundamental como técnico de corto plazo no son asertivos, se expone un método de toma de posiciones que estará basado en el seguimiento de la tendencia de corto plazo, para fluir con el mercado.

Este método está basado en la coherencia de la interpretación combinada de sólo 2 indicadores de Análisis Técnico, el MACD y el STOCHASTIC, en un análisis simultáneo de un horizonte de tiempo con respecto a su horizonte siguiente inmediato.

Este método empírico mostrará numerosos puntos de entrada, invitando a tomar posición. Una vez adentro, el operador deberá aplicar todas sus habilidades de analista técnico para optimizar la cosecha de utilidades, porque el *Trading* es y será siempre más un arte que una ciencia!

CAPÍTULO 2.
NOCIONES GENERALES DE FOREX

Debido a que la experiencia en el tema de inversiones en Forex puede variar de una persona a otra, se estima oportuno entregar información básica para uniformar los conceptos principales que son utilizados en este libro.

• QUIÉNES PARTICIPAN EN EL MERCADO FOREX

a. Bancos Centrales

Los Bancos Centrales de los países no son entidades con ánimo de lucro, es por eso que ellos no especulan en el mercado de monedas. Su objetivo principal , al participar en los mercados de divisas, es el crear condiciones estables para su tipo de moneda. Cuando ellos intervienen en el mercado de FOREX lo hacen con el propósito de hacer ajustes en su economía o en sus finanzas.

Los bancos centrales asiáticos se caracterizan por ser unos de los más activos en este mercado.

b. Bancos Comerciales y de Inversiones

Este tipo de instituciones son conocidas ampliamente como los participantes más importantes del mercado, cuando se está transando en el mercado FOREX seguramente se está lidiando con uno de éstos. Ellos participan en el mercado FOREX por cuenta propia o por cuenta de sus clientes. Las operaciones comerciales en los mercados FOREX han sido catalogadas las de mayor rentabilidad para las instituciones bancarias, inclusive con menor exposición al riesgo que las mismas líneas de crédito. Los bancos, por otro lado, tienen una tremenda ventaja en el mercado debido al conocimiento de las órdenes de sus clientes que les permite de antemano saber hacia donde podría moverse de antemano el mercado.

c. Fondos de Coberturas

Los fondos constituyen hoy en día como uno de los vehículos de inversión por excelencia en cualquier mercado, y FOREX no es la excepción. Este tipo de participantes consiste en grupos de inversionistas que al unirse en un objetivo común logran entrar al mercado con varios millones de dólares y se hacen fuertes por los volúmenes y la flexibilidad con la que pueden transar.

d. Instituciones

La globalización de la economía ha forzado a las empresas e instituciones a poner más atención a los tipos de cambio. Es así como anteriormente sólo se involucraban en el mercado de FOREX sólo si el giro ordinario de sus negocios lo requería, es decir, si necesitaban cubrirse frente al riesgo del tipo de cambio.

Actualmente, considerando que las instituciones son más sofisticadas en el manejo del riesgo, invierten parte de sus portafolios en estos mercados como una forma de diversificación y de cobertura simultáneamente, generando un mayor nivel potencial de utilidades.

e. Inversionistas Individuales

Antes que apareciera Internet, sólo las corporaciones y personas adineradas podían negociar divisas en el mercado Forex, a través de su agente bancario cuyo mínimo requerido era un capital de US$1 millón para abrir una cuenta. Esto ha cambiado en el último tiempo. Gracias a la tecnología Internet y al desarrollo de la banca se ha permitido la incorporación masiva de participantes individuales. Esta democratización del Forex ha hecho que en los últimos 20 años el mercado se haya incrementado más rápido que ninguno otro en la historia.

Para los inversionistas individuales, el mercado Forex se convierte en una interesante alternativa al *trading* de acciones, ya que mientras en Wall Street existen miles de acciones para escoger, en el mercado Forex se negocian básicamente las divisas más importantes: el Dólar, el Yen, la Libra esterlina, el Franco suizo, y el Euro son los más populares.

Por otra parte, las operaciones en Forex permiten además obtener mayores niveles de apalancamiento que el *trading* de acciones y la inversión mínima para comenzar es inferior, todo en un mercado que por su naturaleza, es menos regulado que el de las acciones. Estudiando el comportamiento de unas pocas gráficas se puede alcanzar una alta comprensión de los movimientos del mercado, aumentando las probabilidades de éxito en sus transacciones.

• EL TIPO DE CAMBIO

El intercambio de monedas es la acción simultánea de comprar una moneda a cambio de la venta de otra moneda diferente, y por esta razón las transacciones de Forex siempre vienen reflejadas en parejas de monedas, una en relación a la otra.

Las monedas se cotizan en pares, tales como el EUR/USD (Euro Dólar) o GBP/USD (Libra Dólar). A la primera moneda mencionada se le conoce como la moneda base, mientras que la segunda es la moneda contador.

La moneda base es la "base" para la compra o la venta. Por ejemplo, si usted compra de EUR/USD usted habrá comprado euros y vendido simultáneamente dólares. Usted tomaría esa posición con la expectativa de que el euro se aprecie en relación con el dólar estadounidense.

El tipo de cambio representa el número de unidades de la moneda contador que una unidad de la moneda base puede comprar. Esta es la razón por la cual el Forex se mueve en pares.

• PIPS

En FOREX, existe un término llamado "pip" (*Price Interest Point*). Se denomina pip al movimiento mínimo que puede variar un tipo de cambio. Es importante notar que algunos pares como el USD/JPY o el EUR/JPY se cotizan únicamente con 2 lugares decimales, mientras que pares como el EUR/USD o GBP/USD, se cotizan con cuatro puntos decimales.

Por lo tanto el valor de un pip depende del PAR. Para un par que maneja cuatro puntos decimales, un pip es equivalente a 0.0001. Para un par que maneja 2 puntos decimales, un pip es equivalente a 0.01.

Los pips son muy útiles porque permiten llevar fácilmente una cuenta de las ganancias o pérdidas obtenidas de una transacción observando solamente la variación del precio en pips, ya que se conoce su valor. También es útil para fijar de antemano el número de pips para cerrar una operación exitosa o a cuantos pips de variación actúa el "*Stop Loss.*"

Es importante notar que cada transacción se realiza en cantidades de 10,000 unidades de la moneda base. Esto es conocido como un mini lote. Por lo tanto en el ejemplo anterior podemos comprar 10,000 unidades de EUR o vender 10,000 unidades de EUR.

De aquí que un inversionista con un apalancamiento muy alto, puede manejar cantidades muy grandes de dinero con relativamente poca inversión. Una persona, dependiendo el nivel de apalancamiento, puede controlar un máximo de 100,000 unidades de una moneda con un mínimo de US$ 1,000. No obstante, sugerimos arriesgar como máximo en cada posición el 10% de su capital, para dejar holgura a las variaciones típicas del mercado dentro de una tendencia elegida.

• OPORTUNIDADES TANTO AL ALZA COMO A LA BAJA

Una de las principales ventajas del mercado Forex, radica en el hecho de que existen oportunidades de hacer ganancias tanto en mercados alcistas LONG como bajistas SHORT, ya que siempre en teoría está comprando una moneda con la expectativa que se aprecie de valor. Es decir si compra EUR/USD, está esperando que el EURO se aprecie, pero si está vendiendo el EUR/USD, está esperando que el USD se aprecie.

La operación Short consiste en aprovechar una tendencia de un PAR a la baja. Ejemplo: Si el par EUR USD tiene un precio de 1,4000 U$ por EUR se pide prestado al *broker* 10.000 Euros para ser devueltos a un determinado interés diario. Inmediatamente los Euros son vendidos a precio de mercado y se obtienen 14.000 U$ en la cuenta de *trading*. Luego si se diera la tendencia esperada y el precio del PAR bajara a 1,3000 U$ por EUR; entonces se compran 10.000 Euros para ser devueltos al *broker* a un costo de U$ 13.000. Esto produce una diferencia a favor del cliente de U$ 1.000. (U$ 14.000- U$ 13.000).

Por su parte el *broker* le cobrará los intereses generados por prestar 10.000 EUR por el tiempo transcurrido en la operación.

• SPREADS

Cuando el inversionista de Forex establece una posición ya sea si está comprando o vendiendo una moneda, se establece una pérdida inmediata en la negociación. Esto se debe a que el precio de compra *(buy / ask)* es más alto que el precio de venta *(sell / bid)*. En otras palabras, el diferencial *(spread)* es el valor resultante de restar el precio de compra al precio de venta. Esto es lo que gana el *broker*, la empresa en donde se abre la cuenta de *trading*.

Por lo tanto, siempre habrá 2 precios para cada par: un precio de compra y uno de venta, dependiendo de la operación que se desee realizar.

• MARGEN

El margen en el mercado de divisas es un depósito de capital propio del cliente para que el *broker* pueda asegurarse contra posibles pérdidas que ocurran en el transcurso de las operaciones. El requisito de margen permite a los operadores tomar posiciones multiplicando hasta 100 veces su capital. No obstante, sugerimos utilizar como máximo el 10% de su capital en cada posición, para dejar holgura a las variaciones típicas del mercado dentro de una tendencia elegida. En caso de que los fondos de la cuenta cayeran a un nivel por debajo del margen requerido, el Broker cerrará alguna o todas las posiciones abiertas. Esto evitará que las cuentas lleguen a un balance negativo, inclusive en el caso de un movimiento de mercado altamente volátil y rápido.

En otras palabras, si el mercado se viene en contra de la tendencia elegida, los primeros dólares que se pierden son los del cliente, y automáticamente las posiciones son cerradas de manera que nunca la pérdida supere al monto del capital propio.

• TIPOS DE ÓRDENES

El término "orden" se refiere a la manera en la que un inversionista de Forex entra o sale de su posición en el mercado. En términos generales existen 2 tipos de órdenes:
1. Órdenes para entrar a la posición.
2. Órdenes para salir de la posición.

a. Órdenes Utilizadas para Entrar a una Posición

Órdenes a Mercado: Market Order. Es una orden para comprar o vender un Par a precio de mercado de ese momento. La ventaja principal de una orden de mercado radica en que le garantiza la entrada a su posición inmediatamente.

Por otro lado, la principal desventaja, es que probablemente el inversionista no estará obteniendo el mejor precio posible, a diferencia si hubiera utilizado otro tipo de orden. Otra desventaja es que las ordenes de mercado, por lo regular son utilizadas de una forma muy impulsiva.

Órdenes de Entrada: Limit Order. Las órdenes de entrada son llenadas si el mercado alcanza cierto precio. Es decir, se indica en la plataforma de operación, que desea comprar o vender un par, cuando el precio llegue a "X". Se coloca la orden y se relaja de estar pendiente de que sea llenada. Luego cuando el par alcanza ese precio, su plataforma lo ingresará automáticamente.

b. Órdenes Utilizadas para Salir de una Posición

Órdenes de Límite o de Toma de Ganancias. Una orden de límite permite al cliente especificar el tipo de cambio al cual desea tomar sus ganancias y salir de una posición del mercado. Este tipo de orden es excelente para ayudar a los inversionistas de Forex a mantener una disciplina y asegurarse algún tipo de ganancia.

La principal desventaja, radica en que la colocación de una orden de límite puede resultar en la toma prematura de ganancias.

Órdenes de Stop de Pérdida o Stop Loss. Las órdenes de *stop loss* funcionan como las órdenes de límite pero en forma contraria. Establecen la cantidad máxima de pérdida que un inversionista de Forex está dispuesto a absorber en una posición.

Las órdenes de *stop loss* son una necesidad para cada inversionista de Forex. Este tipo de orden evita que pierda todo su capital en un par de posiciones. Además, son muy importantes como guía para planificar su relación de riesgo-ganancia. Sin embargo, la principal desventaja es que si este tipo de ordenes son colocadas muy ajustadas, pueden resultar en que los inversionistas son sacados de las posiciones antes de tiempo o inclusive justamente cuando el mercado se disponía a retomar la tendencia esperada, erosionando sistemáticamente el capital y provocando pérdidas considerables.

CAPÍTULO 3.
TIPOS DE ANÁLISIS PARA DEVELAR EL MERCADO

El *Análisis Fundamental* es un método legítimo de análisis del mercado y de la proyección del precio de las divisas, pero se basa en la especulación acerca del comportamiento de la economía de los países, análisis que van con varios días de retraso.

La gran mayoría de los inversionistas sigue el tipo de análisis fundamental, el cual se basa en los análisis de la variación de la tasa de interés, informes de desempleo, informes de actividad económica, índices de confianza del consumidor, etc. Este estilo de análisis es utilizado por los inversionistas de más largo plazo.

El *Análisis Técnico*, por su parte, utiliza como única fuente de información la evolución de los precios de las divisas y los volúmenes transados. Otro factor que es considerado casi como un axioma, en este tipo de análisis, es que el mercado internaliza en forma casi instantánea las informaciones relacionadas con cada divisa, reflejándolas en el precio casi inmediatamente, mucho antes que sean de dominio público. Muchas veces se podrá observar que, cuando se publican las noticias, ya es tarde para aprovecharlas. Esto se debe al hecho de que estaban ya reflejadas en el precio.

La verdadera información fundamental que causa movimientos de mercado tiene su origen en la fuente interna de los bancos centrales. Luego, los profesionales descubren la noticia y las grandes instituciones toman importantes posiciones en sus carteras. Finalmente, la información llega a los inversionistas comunes, quienes empiezan a comprar atraídos por el bullicio de la fiesta, lo que impulsa el precio aún más arriba. Los tecnicistas plantean que, aunque ellos no tengan acceso a esta información privilegiada, mediante la observación cuidadosa del comportamiento del precio se puede detectar el movimiento del dinero, y sin saber detalles mayores de los acontecimientos en particular, pueden tomar posiciones de compra todavía ventajosas.

El análisis técnico no intenta predecir el comportamiento del precio de las divisas, sino que sigue las evoluciones del mercado y saca sus conclusiones en consecuencia, ayudándose de indicadores estadísticos, que permitirán hacer un juicio objetivo, evitando de esta forma tomar malas decisiones emocionales.

El análisis técnico, que analiza los ciclos que desarrollan los precios de las divisas, desde estar "baratas" hasta ponerse "caras", se aplica preferentemente a plazos cortos, desde minutos hasta varios días, a diferencia del análisis fundamental, que se aplica a más largo plazo.

La especulación a largo plazo o a mediano plazo implica terrenos fundamentalmente distintos. Las reglas del juego de esos dos campos son distintas, y las de uno de ellos no pueden ser aplicadas al otro. Cuando uno se pasa de un campo al otro, no tendrá éxito en ninguno de los dos.

Cómo se concilia el Análisis Fundamental con el Análisis Técnico

La diferencia de apreciación de la realidad de ambas corrientes hace que este juego sea posible y eterno, ya que jamás existirá un consenso en el análisis del mercado.

La controversia entre las dos corrientes de análisis, la fundamental y la técnica, está centrada en que no pueden ambas tener la razón al mismo tiempo. Este fenómeno podría ocurrir en espacios de tiempo muy cortos; pero, a la larga, no pueden coexistir. El autor André Kostolany describía que la lógica de la aritmética de este juego es: dos más dos es igual a cinco menos uno, queriendo expresar así, que en el plazo inmediato el mercado no refleja el resultado del análisis fundamental; pero luego, al correr del tiempo, se concilia con las predicciones.

Los que causan los verdaderos movimientos del mercado son los profesionales fundamentalistas, y quienes siguen esos movimientos que ellos no han causado, son los tecnicistas. Por último, dentro de las mismas corrientes de fundamentalistas y tecnicistas, es común encontrar diferentes interpretaciones y conclusiones a partir del análisis de la misma información. ¡Esa es la verdadera gracia del juego!

Otro hecho importante que colabora a la existencia de dos bandos de jugadores, unos comprando y otros vendiendo, radica en que los inversionistas pueden, sólo en principio, definir si serán jugadores de largo plazo o de mediano plazo, pero en la práctica la mayoría cambiará su parecer en función del comportamiento del mercado y sus emociones, o en función de los imprevistos de urgencia económica que le ocurran. Esto hace que en todo momento sea posible concretar las transacciones de compra o venta de divisas, independiente de la posición del precio en el ciclo.

No obstante todo lo anterior, el mercado será el árbitro final, tanto para fundamentalistas como tecnicistas, e independiente de cómo percibamos las noticias o interpretemos como *bullish* o *bearish* las situaciones, el mercado se comportará exactamente como él quiera hacerlo, y no como nosotros desearíamos que fuese.

Ventajas del Análisis Técnico

El Análisis Técnico es más fácil de realizar que el Análisis Fundamental. Por esta razón el proceso de toma de decisiones se facilita enormemente. Es exactamente el mismo para todas las monedas transadas, en cambio el Análisis Fundamental es particular para cada caso. El simple hecho de ser tan popular hace que muchos inversionistas de Forex lo utilicen, y esto se traduce muchas veces en movimientos esperados, aunque no tengan una base fundamental para hacerlo.

Pero si bien es un análisis objetivo de variables estadísticas, es tal la proliferación de indicadores que se han desarrollado en el último tiempo, que fácilmente se puede uno confundir en la maraña matemática perdiendo de vista lo más esencial del objetivo que buscamos... "comprar barato y vender más caro".

CAPÍTULO 4.
NOCIONES DE ANÁLISIS FUNDAMENTAL

Mientras que muchos partícipes en el mercado Forex son puramente técnicos, se estima que un 25% de todos los operadores en divisas lo hacen basándose en los fundamentos económicos.

Los Gobiernos publican con una periodicidad establecida la evolución de sus principales variables macroeconómicas. Los operadores en el Mercado Forex se anticipan a éstas con sus propias estimaciones, y los precios de las divisas incorporan estas expectativas. Cuando se publica un dato que no coincide con el consenso del mercado o de los analistas, se producen movimientos bruscos en contra de la lógica fundamental, pero que en el mediano o largo plazo retoma su tendencia lógica.

1. Crecimiento de la Economía PIB

Los gobiernos de los países publican trimestralmente la cifra de crecimiento del Producto Interno Bruto (PIB). Este indicador es una variable fundamental, ya que es una de las medidas macroeconómicas más global de una economía. En ciclos económicos expansivos de crecimiento, existe una mayor renta disponible para las personas que trabajan, el sector laboral, que a su vez implica un mayor consumo y ahorro. Por otra parte, las empresas se ven favorecidas por el incremento del consumo privado y de la inversión. Sin embargo, un exceso en crecimiento podría traducirse en un recalentamiento de la economía, lo que genera inflación y un debilitamiento de la moneda de ese país. Para controlar todo esto, el banco central de cada país puede determinar una subida de la tasa de interés para mantener equilibrada su economía. En principio, la lógica fundamental indica que un PIB más alto de lo esperado apreciará la divisa del país, mientras que un PIB menor que el consenso, depreciará dicha divisa.

Llevemos todo esto a la gráfica de precios FOREX. Si tomamos como ejemplo el par de divisas USD/YEN en que USD es la moneda "base" y YEN la moneda "contador", si el USD se aprecia, el valor de este par sube. Si el USD se deprecia, el valor de este par baja.

2. Evolución de los Precios IPC: Inflación

En principio, las divisas con tipos de interés más altos se aprecian debido a la contención futura de la inflación y a la mayor rentabilidad que ofrece dichas divisas. Esta variable macroeconómica se sigue mes a mes. Un IPC mayor del previsto empujará al tipo de cambio al alza, mientras que si es menor de lo previsto lo empujará a la baja.

3. Tasa de Desempleo (Non-Farm Payrolls)

Este informe es sin duda un "market mover" muy importante. Es un indicador difícil de prever. Tiene un peso político importante y una repercusión inmediata en el nivel de renta disponible y consumo de las familias. Si la tasa de empleo es mayor que los estimados, ello empujará la cotización de la divisa del país al alza en relación al resto de las divisas. Si es menor que la estimada, ello favorecerá una apreciación de la divisa del país.

4. Balanza Comercial

Idealmente, el nivel de equilibrio de una cotización es aquel que produce un saldo de la Cuenta Corriente estable. Un país con un déficit comercial experimentará una reducción de sus reservas de divisas, lo cual, en última instancia, disminuye (deprecia) el valor de su divisa. Una divisa más barata hace que las exportaciones del país sean más accesibles en el exterior, al mismo tiempo que encarece las importaciones. Después de un período intermedio, las importaciones se ven reducidas, mientras que las exportaciones aumentan, estabilizándose de esa forma la Balanza Comercial y la divisa hacia el equilibrio.

5. Los Mercados Bursátiles

La evolución de las monedas está demostrando cada vez en mayor medida una fuerte correlación con los mercados de activos, en particular con las acciones. Explicado de forma breve y simple: un país cuya Bolsa sea considerada como "refugioseguro", colaborará grandemente a que la cotización de su divisa se mantenga firme.

CAPÍTULO 5.
NOCIONES DE ANÁLISIS TECNICO BÁSICO

En el último tiempo este tipo de análisis ha tenido tal desarrollo que se encuentran disponibles innumerables herramientas e indicadores estadísticos para ser utilizados por el operador. Existe la creencia errónea que los sistemas de operaciones mientras más sofisticados y complejos sean, rendirán a su cuenta mejores resultados. Pero son precisamente éstos los que producen una confusión visual que no beneficia a la toma de decisiones y terminan inmovilizando al operador al no poder distinguir claramente cual señal seguir.

Al final de cuentas lo más simple es siempre lo mejor. Los instrumentos más básicos y suficientes del Análisis Técnico son:
- Gráficos de precio con diferentes horizontes de tiempo
- Patrones de Velas Japonesas
- Patrones de Precios

- Líneas de soporte y resistencia
- Promedios móviles
- Bandas Bollinger
- Indicador MACD
- Indicador STOCHASTIC

• GRÁFICOS DE PRECIO

El análisis técnico se puede realizar en cualquier horizonte de tiempo. Es decir podemos analizar cualquiera de los pares de divisas cada minuto, cada media hora, cada hora, cada 4 horas, cada día, cada semana, cada mes, etc.

La pregunta siempre será ¿cuál gráfica se debe utilizar? Esto dependerá de cuanto tiempo se disponga para estar inmovilizado frente al computador. La regla básica es que mientras menos tiempo disponga frente a su computador, debe aprender a trazar gráficos con horizontes más amplios de tiempo, como lo son 4 horas, diarios y semanales.

De cualquier forma, una sugerencia importante es que no importa que gráfica de tiempo analice, no se debe omitir analizar el gráfico diario, ya que esta otorga una visión muy esclarecedora de la tendencia general para la sesión.

La mejor forma de hacerlo es partir de un análisis del gráfico diario, bajando hacia gráficos más pequeños como el de hora o media hora. Esto permite encontrar puntos más exactos de entrada y salida para las posiciones.

Lo importante es destacar que los gráficos más amplios de tiempo como el semanal o mensual, son más exactos y muestran las tendencias a largo plazo, pero los puntos de entrada son mucho menos precisos, requiriendo de ordenes de *stop loss* mucho más holgadas, con pocas señales en todo el mes para entrar a una posición.

Por el contrario, utilizar gráficos de tiempo más cortos como el de minutos, significará que aunque sus entradas y salidas serán más exactas, sus objetivos de utilidades deberán ser mucho más modestos. No se debe olvidar el *spread* a remontar, el cual en proporción, puede llegar a ser bastante significativo.

• EL PRECIO: VELAS JAPONESAS

Las velas japonesas son figuras que contienen toda la información acerca del movimiento del precio en la unidad de tiempo elegida.

Cada vela representa toda la información relativa al comportamiento del precio en la unidad de tiempo elegido para el análisis.

Una vela Blanca significa que, durante el período evaluado, el mercado ganó valor.

Una vela Negra significa que, durante el período evaluado, el mercado perdió valor.

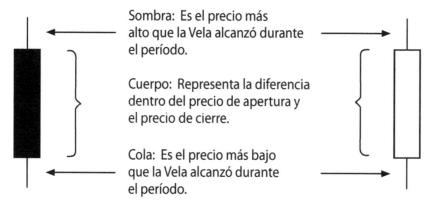

Sombra: Es el precio más alto que la Vela alcanzó durante el período.

Cuerpo: Representa la diferencia dentro del precio de apertura y el precio de cierre.

Cola: Es el precio más bajo que la Vela alcanzó durante el período.

El objetivo principal de los patrones de velas es el lograr identificar posibles retracciones del mercado o algunos otros patrones de precio antes de que sucedan.

• SOPORTES Y RESISTENCIAS

Línea de Soporte

Un soporte es un nivel de precios en el que se detiene la caída de la divisa y ésta rebota nuevamente al alza. Si el mercado entendido, como la voluntad de millones de inversionistas, considera que es un nivel de precios muy bajo, cuando la cotización alcance ese valor, las compras se dispararán haciendo rebotar el precio al alza.

Línea de Resistencia

Una resistencia es un nivel de precios en el que se detiene la subida de la divisa y ésta rebota hacia abajo.

Si el mercado considera que es un nivel de precios muy alto, cuando la cotización alcance ese valor, las ventas se dispararán haciendo caer el precio.

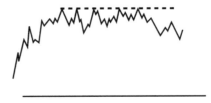

El propio mercado fija los soportes y las resistencias. No es que los *traders* se pongan de acuerdo, sino simplemente coinciden en la valoración que realizan, al entender que un precio es muy elevado (resistencia), o que un precio es muy bajo (soporte).

Los soportes y las resistencias se detectan al analizar el gráfico de la evolución de los precios de cierre, donde se puede ver como hay niveles donde la subida de precio se detiene y otros en los que se frena la caída.

Los soportes y resistencias tienen una duración determinada, ya que llega un momento en que prevalecen las noticias reforzando la tendencia y el precio termina rompiendo dicho nivel.

Si la tendencia es alcista los soportes y resistencias serán cada vez más altos.

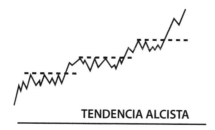

TENDENCIA ALCISTA

Si la tendencia es bajista los soportes y resistencias serán cada vez más bajos.

TENDENCIA BAJISTA

Cuando los soportes y las resistencias son atravesados con cierta fuerza suelen cambiar de papel: el soporte se convierte en resistencia y viceversa.

SOPORTE SE CONVIERTE EN RESISTENCIA   RESISTENCIA SE CONVIERTE EN SOPORTE

Cuando se perfora un soporte, el precio suele caer con fuerza: se ha roto una barrera que se ha encontrado en su bajada, y una vez vencida ésta, cae libremente.

Cuando se supera una resistencia, el precio suele subir con fuerza: se ha roto una barrera en su escalada, y una vez vencida ésta, sube libremente.

• PATRONES DE PRECIO

Estas figuras son los patrones más típicos de cambio de tendencia.

"M" o Doble Top: se produce cuando hay una tendencia alcista. En este caso los máximos son cada vez más altos, pero si en un momento dado un máximo no supera el máximo anterior, esto es señal de que se puede producir un cambio de tendencia.

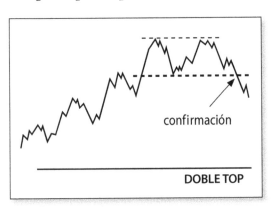

confirmación

DOBLE TOP

Esta figura se confirma cuando la cotización cae por debajo del último mínimo, es decir, de aquel que se formó entre los dos máximos anteriores.

"W" Doble Valle: se produce cuando hay una tendencia bajista. Los mínimos son cada vez menores, pero si en un momento dado un mínimo no supera el mínimo anterior, esto es señal de que se puede producir un cambio de tendencia.

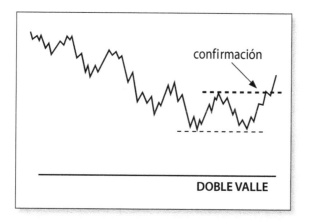

Esta figura se confirma cuando la cotización supera el último máximo, es decir, aquel que se formó entre los dos mínimos anteriores.

• BANDAS BOLLINGER

Esta herramienta de análisis fue creada por John Bollinger y son bandas trazadas por arriba y por debajo del promedio móvil, a un determinado nivel de desviación estándar del promedio móvil. La desviación estándar es una medida de como los valores se alejan de su promedio. Si se aplicara por ejemplo 2 desviaciones estándar y se supusiera que la distribución de los valores para el período de "n" días es Normal, en términos estadísticos, se podría afirmar que si el precio sale fuera de las bandas, la probabilidad de que regrese hacia su valor promedio es 98% contra 2%, a que siga fuera de la banda. Dado que la desviación estándar es una medida de la volatilidad, las bandas se ensancharán durante los períodos turbulentos del mercado y se contraerán cuando el mercado se aquiete en torno al promedio.

La interpretación más clásica es que a un período de estrechez le sigue un período de expansión de precio.

Las Bandas Bollinger permiten a los inversionistas saber si un precio de una divisa está alto o bajo. La banda superior es el criterio para los precios altos mientras que la banda inferior lo es para los precios bajos.

Muchos inversionistas las usan principalmente para determinar niveles de sobre-compra y sobre-venta, vendiendo cuando el precio toca la Banda Bollinger superior y comprando cuando toca la Banda Bollinger inferior. En mercados sin tendencia, esta técnica funciona bien, ya que los precios transitan rebotando rigurosamente entre las dos bandas.

• PROMEDIOS MÓVILES

El Promedio Móvil o *moving average*, es el indicador más utilizado en análisis técnico y con razón, ya que es uno de los indicadores técnicos más antiguos que existen.

El propósito de un promedio móvil es mostrar la tendencia en una forma suavizada, eliminando las vibraciones de precio que inducen a tomar posiciones en la dirección equivocada.

Un promedio móvil es el precio promedio del mercado en cierto período de tiempo y muestra la dirección y la duración de una tendencia. Debido al hecho que el promedio móvil es uno de los indicadores más versátiles y de mayor uso dentro de todos los indicadores, es la base del diseño de la mayoría de sistemas y estrategias utilizados hoy en día.

El promedio móvil es calculado con cierto período de tiempo predefinido. Mientras más corto el período, mayor la probabilidad de una señal falsa.

Mientras más largo el período, menor es la sensibilidad del promedio móvil. Es decir, más certera pero existirán menos señales.

Como su mismo nombre lo implica, un promedio móvil es un promedio de un grupo cambiante de datos, que se mueven hacia adelante con cada período que avanza, descartando el primer dato del grupo anterior e incorporando el último nuevo dato.

• *PROMEDIO MÓVIL SIMPLE (SMA)*

El Promedio Móvil Simple es sin duda el promedio móvil más utilizado hoy en día. A veces es llamado promedio móvil aritmético y básicamente es un precio promedio a través de un período de tiempo.

Se calcula sumando los precios de cierre del par analizado durante cierto período de tiempo y luego se divide por el mismo número de períodos. Por ejemplo, el Promedio Móvil de los últimos 10 días es la suma de los precios de cierre, dividido por 10.

Debido al hecho que el Promedio Móvil Simple da el mismo peso a cada período de precio, mientras más largo sea el período de tiempo evaluado, mayor será la suavización de los datos mas recientes.

Ejemplo del EUR/USD y su SMA de 20:

• *PROMEDIO MÓVIL EXPONENCIAL (EMA)*

El indicador de Promedio Móvil Exponencial reacciona más rápidamente a cambios de precios recientes que el Promedio Móvil Simple debido al hecho que su fórmula le asigna más peso a los últimos períodos de precio.

Ejemplo del EUR/USD y su EMA de 20:

Cómo Transar Utilizando Promedios Móviles:

Los promedios móviles generalmente funcionan mejor en mercados con tendencia que en mercados sin tendencia, ya que puede existir mucho "ruido", lo cual significa que podrán existir señales falsas de entrada o salida debido a las vibraciones del precio de algún par, sin que eso signifique un cambio de tendencia.

Se debe vender cuando el precio cruza hacia abajo al promedio móvil. Mejor aún si existe un cuerpo de vela completo materializado por debajo del promedio móvil.

Se debe comprar cuando el precio cruza hacia arriba al promedio móvil. Mejor aún si existe un cuerpo de vela completo
materializado por encima del promedio móvil.

• CADENCIA DEL MERCADO

El mercado se comporta al igual que los movimientos del
mar, los cuales están regidos por la atracción de gravitacional
de la Luna y los planetas, aparte de los vientos caóticos. Por la
acción de estos factores se genera una marea pesada que hace
oscilar la superficie del mar en movimientos ondulantes pesados
hacia arriba y hacia abajo, acompañados de oleaje menor impre-
decible.

Del mismo modo, los mercados tienen un comportamiento parecido. La oferta y la demanda por un par de divisas generará movimientos pesados ondulantes los cuales se reflejan como una verdadera "marea sinusoidal" reflejada en el **promedio móvil**.

La única gran diferencia es que el mercado no tiene un nivel fijo como el mar, sino que va dibujando en el plano oscilaciones de diferentes magnitudes, las cuales a su vez son como oscilaciones "fractales"[*] contenidas dentro de movimientos de mayor amplitud.

Detectarlas a tiempo es un verdadero arte.

Es extremadamente importante acompasar nuestras decisiones de compra o de venta con el movimiento "marea" del mercado, para cuidar en lo posible transar siempre a favor del mercado. Esto nos ayudará a que nuestros objetivos de precio sean más

[*] Fractal: figuras que se repiten invariablemente en todas las escalas. Teoría del Caos.

grandes o ambiciosos cuando transamos a favor del mercado, o
al revés, a ser mas cautos cuando transamos en contra del mercado, colocando un objetivo de precio menor.

Determinación de la Cadencia predominante

Para determinar la cadencia predominante se debe analizar la
oscilación del promedio móvil simple de 20 en horizontes de
tiempo largos como por ejemplo el gráfico de 15 min, 30 min.
Cuando la cadencia en gráfico de 15 minutos es coherente con el
ciclo de la cadencia en 30 minutos no tendremos desagradables
sorpresas , porque estaremos transando a favor del mercado.

Cuando coinciden las cadencias en todos los horizontes el resultado será con altísimas probabilidades un éxito y de grandes
beneficios (sobre 100 pips).

En gráfico de 5 min. es importante tomar posiciones al inicio
del ciclo (**primer tercio**) de modo de tener seguridad que nos
moveremos en el sentido esperado arrastrado por la marea mayor de otros horizontes 15 min, 30 min y 1 hr.

Los ciclos siempre tendrán estimativamente 3 tercios. El inicio, parte central y parte final, pero sus límites nunca podrán ser definidos con precisión para cada ciclo. Cada ciclo tiene sus propias características y sólo se puede tener la certeza de su primer tercio de inicio, y de su tercio final.

Ejemplo:

Gráfico 5 min

Gráfico en 30 min

Gráfico 1 hora

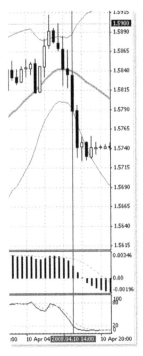

• INDICADOR MACD

Este indicador fue originalmente diseñado para el análisis en las tendencias de las acciones de la bolsa y ahora es ampliamente usado en muchos mercados.

La Convergencia Divergencia de los Promedios Móviles (MACD) fue inicialmente construida por Mr. Gerald Appel un analista de Nueva York, y está basado en promedios móviles. Es un criterio muy útil por ser más sensible a los movimientos de precios, comparado con la sola línea de un promedio móvil que es más rezagada.

El indicador MACD consiste de dos líneas; la primera línea de este indicador es la **línea MACD**, la cual usa el promedio móvil exponencial del precio de 12 períodos (EMA rápido, *Exponential*

Moving Average) menos el promedio móvil exponencial del precio de 26 periodos (EMA lento).

> **MACD = EMA [12] del precio cierre – EMA [26] del precio cierre**

La línea generada oscila a lo largo de la línea del cero (Línea del Centro) sin límites superiores e inferiores.

La segunda línea es llamada la **Línea de Señal** y usa un promedio móvil simple de período 9 de la línea previa (línea MACD).

> **Señal = MACD – SMA [9] de MACD**

Interpretación:

Para Posiciones Long el indicador MACD tiene 2 configuraciones que indican una fuerza relativa al alza:

Primera Fase (Máxima potencia): Esta fase se desarrolla desde el punto mas bajo (-100) hasta el nivel cero. Al inicio de esta Fase primaria, el punto de máxima potencia al alza se produce donde las medias de 12 y 26 se cruzan hacia arriba.

Segunda Fase (Potencia Secundaria): Esta fase se desarrolla desde el nivel "cero" hasta el punto máximo (+100). El inicio de esta Fase Secundaria es el punto de impulso y continuación de la tendencia al alza.

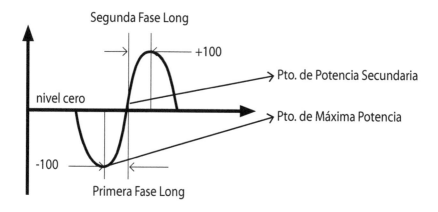

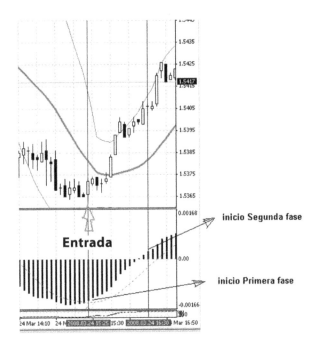

Para Posiciones Short el indicador MACD tiene 2 posiciones que indican una fuerza relativa a la baja:

Primera Fase (Máxima potencia): Esta Fase se desarrolla desde el punto mas alto (+100) hasta el nivel cero. Al inicio de esta Fase Primaria, el punto de máxima potencia a la Baja se presenta, donde las medias móviles de 12 y 26 se cruzan hacia abajo.

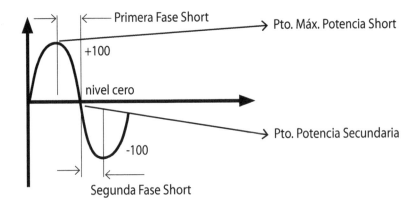

Segunda Fase (potencia Secundaria): Esta fase se desarrolla desde el nivel "cero" hasta el punto mas bajo (-100). El inicio de esta Fase Secundaria es el punto de impulso y continuación de tendencia a a la baja.

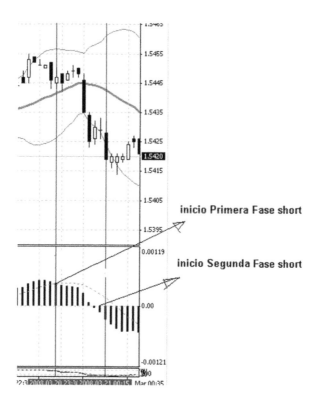

Repechajes:

Cuando el precio oscila en escalerillas, produce ondulaciones en el MACD **observadas en gráfico de 5 minutos**. Los puntos de " Repechaje" se presentan el punto de cruce con la media de 9, y son de extrema utilidad para detectar continuación de tendencia. *Ver en la página siguiente las gráficas LONG: Escalerilla al Alza y SHORT: Escalerilla a la Baja.*

LONG : Escalerilla al Alza

SHORT : Escalerilla a la Baja

• INDICADOR STOCHASTIC

El indicador estocástico (*Stochastic*) fue desarrollado por Mr. George Lane a principios de 1960's. Su concepto se basa en el supuesto de que cuando el precio se incrementa, el cierre tiende a estar más cerca al punto alto del reciente rango de precios. Por el contrario, cuando el precio decae, el cierre tiende a estar más cerca al punto bajo del reciente rango de precios.

El estocástico es un oscilador de momentum que oscila entre 0 y 100 y consiste de dos líneas:

%K = Es la línea principal y usualmente es presentada como una línea compacta.

%D = Es simplemente un promedio móvil de %K y usualmente es presentado como una línea punteada.

Se recomiendan los siguientes valores para este indicador en su forma exponencial: %K = 15, %D = 3

La forma de interpretarlo que recomendamos es utilizarlo así:

LONG: si ambas líneas del indicador están sobre el límite de 20% cruzando hacia arriba.

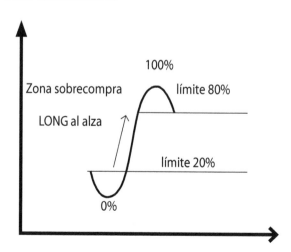

SHORT: si ambas líneas del indicador están bajo el límite de 80% cruzando hacia abajo.

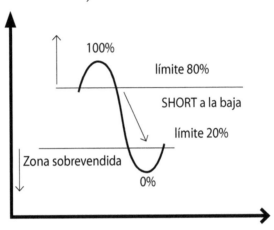

Un indicador **STOCHASTIC LEGÍTIMO LONG** se denomina así cuando abandona la zona de sobreventa y cruza hacia arriba su límite de 20 para avanzar hacia 80.

Un indicador **STOCHASTIC LEGÍTIMO SHORT** se denomina así cuando abandona la zona de sobrecompra y cruza hacia abajo su límite de 80 para avanzar hacia 20.

- **COMBINACIÓN DE INDICADORES MACD Y STOCHASTIC**

Cuando ambos indicadores MACD y STOCH se analizan acoplados se forman configuraciones que tienen diferentes grados de incidencia en la tendencia esperada.

La configuración más potente es la denominada **MC** (*Match Cord* o **Mecha Corta**) y se produce cuando el MACD está en Primera Fase en Max. Potencia, acompañado con un STOCHASTIC LEGÍTIMO, en un mismo horizonte de tiempo.

Pero en la realidad, muchas veces estos indicadores MACD y STOCHASTIC no se plasman en una forma tan perfecta como en la teoría formando una sola onda, si no que realizan ondulaciones que desorientan al operador, transformándose en una trampa si no son bien interpretados:

Guía para interpretar conjuntamente MACD y STOCH

Horizonte de Análisis			Horizonte siguiente
MACD	STOCHASTIC	IMPACTO	CONDICIÓN
1ª FASE	a favor	ALTA	Si STOCHASTIC está a favor
LONG de -100 a 0	en contra	BAJA	Si MACD está en 2ª Fase
SHORT de 100 a 0	en contra	ALTA	Si STOCHASTIC está en contra
2ª FASE	a favor	ALTA	Si STOCHASTIC está en zona sobre vta/cpra
LONG de -100 a 0	en contra	BAJA	Si MACD está en 2ª Fase
SHORT de 0 a -100			

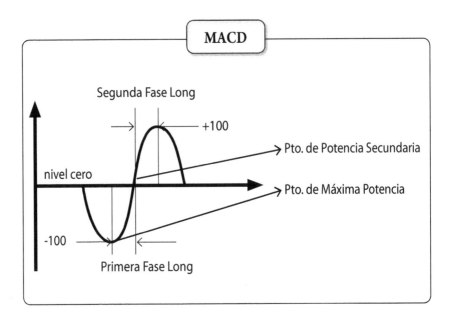

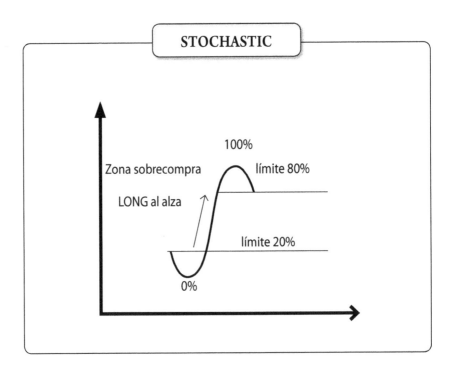

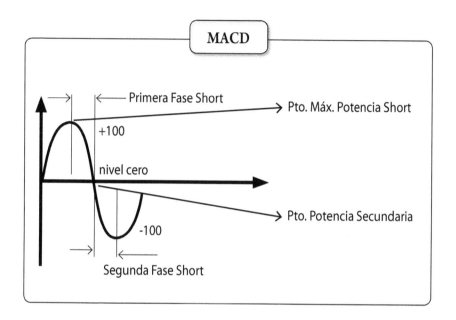

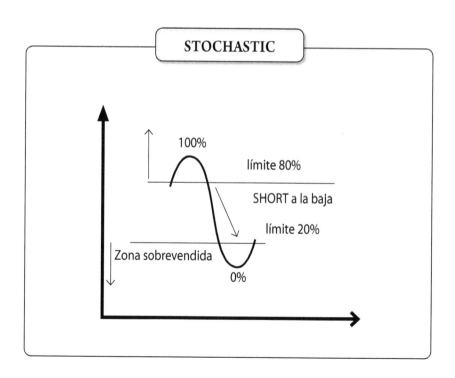

CAPÍTULO 6.
UN CUENTO DE TERROR PARA ENTRAR AL TEMA...

EL MONSTRUO DE LAS PROFUNDIDADES

"Todos los mercados del mundo tienen su monstruo de las profundidades, el cual rara vez aparece a la luz del sol. Por el contrario, se oculta bajo la tranquila superficie de los ciclos y ondulaciones suaves del mercado. Enterrado en el fango, el monstruo siempre está

al acecho, esperando el momento propicio de atrapar a sus víctimas que juegan desprevenidas en la orilla o navegan en la superficie, como ignorando su existencia.

www.savingtrust.cl

Aunque nadie puede decir a ciencia cierta que conoce realmente a este monstruo, la mayoría de los operadores sabe de su existencia. Porque, como todo buen monstruo, de vez en cuando sale de su profunda guarida en busca de su presa. A veces el monstruo sólo tira unos mordiscos, arrancándole a unos un dedo, a otros un brazo, tan sólo para que le mantengan su respeto y no se olviden que existe. Pero en otras ocasiones su apetito es voraz y ataca tragándose enteras a sus víctimas, dejando a los sobrevivientes sobrecogidos y temblando de terror, para que nadie tenga la más mínima duda de su existencia y quien es el auténtico dominador de los mercados.

De la misma forma como ataca, luego se sumerge y poco a poco vuelve la calma a la superficie. Luego de su ataque se podrán observar en la orilla los cadáveres de las víctimas y los restos de las embarcaciones. Luego, con los rayos del sol de un nuevo día, una suave brisa comienza a soplar y la calma va envolviendo nuevamente a los mercados. Los sobrevivientes tratando de componer los restos, aún no terminan de explicarse cabalmente lo sucedido, pero lo único importante es que aún están con vida, porque ante todo son amantes del mar, y no renuncian a su pasión por la navegación de los mercados..".

Analizando un horizonte de tiempo amplio, siempre se puede apreciar como lentamente el mercado se va distorsionando de su valor real. Pero lo hace tan imperceptiblemente que uno se acostumbra a ello y en el fragor del día se va olvidando que en cualquier momento un parpadeo de alas de una mariposa se convertirá en el gatillo que desata al monstruo de las profundidades. No fue la situación de la Guerra en Irak, ni el precio del petróleo, ni la recesión en USA lo que ha de causar el *crash*, sino que cualquier noticia puede repentinamente transformarse en el detonante de una situación gestada durante mucho tiempo, pero que aprovecha de expresarse en el momento presente.

El intentar predecir el comportamiento de los mercados en el largo plazo no pasa de ser más que una vana ilusión. Mirado así, lo que mejor da resultados es el seguimiento de los mercados... más que pretender predecirlos!

Para esto es de gran utilidad el Análisis Técnico, pero de ningún modo es suficiente. El complemento ideal será la combinación con una estrategia bien diseñada y con procedimientos bien establecidos de antemano para contener las pérdidas en caso de hecatombes.

Esto que es tan fácil de decir, sólo puede lograrse después de muchos años de experiencia en los mercados.

Una Historia Real:

Esta situación que se relata es para insistir en la toma de conciencia de los procedimientos que deben seguirse para proteger el capital al momento de transar.

El día 18 de Marzo 2008 los operadores se preparaban a la hora señalada para el anuncio de la FED, dándose por sabido que bajaría la tasa de interés para socorrer la situación económica de USA gatillada por la crisis suprime y la amenaza de recesión. En el ambiente era seguro que bajaría la tasa en 0,75 puntos... aunque muchos aspiraban a que lo hiciera en 1 punto.

Como es sabido, una baja de interés causa un movimiento a la baja en el par EURUSD y los operadores se aprontaban a realizar pingües ganancias tan pronto dieran la noticia.

La expectación era tremenda!... Puntualmente a la hora esperada se anuncia en los terminales la noticia y efectivamente la tasa de interés es bajada en 0,75 puntos quedando en 2,25%!! Pero para gran sorpresa de todos... el mercado arremete en la dirección esperada a la baja durante 1 minuto y luego salta en sentido contrario causando el desconcierto total!!

Se escucha en el ambiente que el mercado esperaba una rebaja de 1 punto y que no quedó conforme con el 0,75%!!

Primer gran error: Y así es como una oportunidad de invertir esperada a la baja, es tomada en sentido contrario por los operadores de la mesa de dinero, sin respetar un análisis sistemático, ya que el mercado hizo una oscilación engañosa y retomó su carrera a la baja. La compra es ejecutada a 1,5785 apostando al alza.

Pero ahora vendrá el **segundo y más grave error:** La posición a los pocos minutos de tomada ya amenazaba detonar el STOP colocado en -35 pips. Entonces, para evitar la vergüenza de asumir su equivocación... el operador anuló el STOP para colocarlo más abajo en -45 pips, rogando que el precio se detuviera en ese umbral y regresara al alza. Pero ocurre el gran desastre: en el instante mismo que el operador anula el STOP para ampliarlo a -45 pips, ante sus ojos atónitos, el precio se desploma de un golpe a 1,5711 generando una pérdida en ese momento de 74 pips ya imposible de asumir... el precio luego siguió cayendo sin freno. A las 18,30 hrs cuando ya todos se retiraban de la oficina la pérdida era de 172 pips... una debacle! Una nube de abatimiento envolvía el ambiente de la oficina. Ya no había nada que hacer, sólo cabía esperar y orar con fe a que una mano divina salvara la situación.

Esa noche el operador debió quedarse en vela con el alma en un hilo, vigilando la posición en sus avances y retrocesos caprichosos. Lentamente hacia la medianoche el precio dejó de bajar y mostró un planeo anunciando que el gran milagro quizás pudiese ocurrir. Efectivamente a partir de la madrugada del día siguiente emprendió un rally ascendente que la impulsó hasta 1,5780 permitiendo cerrar con una pérdida de apenas -5 pips. Una salvada milagrosa!!

Como se puede apreciar, **esta forma de operar es inaceptable!** Transar debe ser una actividad reglamentada y perder una posición dentro de las reglas establecidas a priori no debe ser ningún drama!... ya que a pesar de ello se puede tener éxito en el conjunto de operaciones.

CAPÍTULO 7.
COLOCACIÓN DE STOP LOSS

Todas las operaciones deben tener colocado un STOP para proteger al capital ante un gran imprevisto del mercado.

Este STOP debe ser lo **bastante amplio** como para que nos salve ante una hecatombe en el mercado, pero no tan ajustado como para que se gatille frente a una oscilación menor en la continuación de la tendencia que habíamos detectado. Un STOP muy ajustado irá erosionando nuestro capital hasta dañarlo severamente.

Colocar este STOP tiene el mismo valor para el operador como lo tiene la red para el trapecista del circo en su acrobacia a gran altura. Puede que le avergüence perder pie y desplomarse frente al públi-

co, pero la red le salvará la vida. En nuestro caso, el STOP nos obliga a asumir una pérdida determinada de antemano, y permitirá que con el capital restante podamos intentar la recuperación una vez más.

No vale decir verbalmente que estaremos vigilantes de una posición para cerrarla si comienza a tomar tendencia contraria. El STOP colocado al momento de tomar una posición es justamente para cuando el mercado reacciona violentamente y nos deja sin aliento mirando que esa vela contraria sería una pérdida que no podemos soportar.

Cuando se opera sin STOP colocado, en esos momentos de angustia lo que erróneamente hace el operador es esperar a que la vela se recoja y pueda cerrarla a tiempo con una pérdida razonable. Pero este método rara vez funciona y el operador sufrirá la penuria enorme de soportar por largas horas posiciones perdedoras que ponen en riesgo la subsistencia de todo su capital.

La colocación del STOP es un tema fuera de discusión y su magnitud será de 30 pips inamovible, para todas las operaciones.

CAPÍTULO 8.
ACERCA DEL APALANCAMIENTO

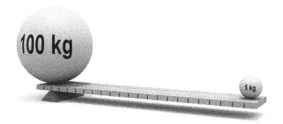

El apalancamiento ofrecido por el *broker* generalmente es 100 veces. Esto significa que cada módulo de inversión de su capital será operado en forma amplificada de 100 veces. Es decir, con sólo 100 dólares puede controlar un minilote de 10.000 dólares.

Para transar cómodamente, el módulo de capital de cada operación se sugiere que no sobrepase al 10% de su capital total.

Si el operador se sintiese inseguro o necesitase reentrenarse, o retomar el fiato con el mercado, puede optar a emplear módulos de inversión utilizando 5% de su capital, hasta recuperar la confianza.

CAPÍTULO 9.
PARES PARA TRANSAR

Si bien son numerosos los pares de monedas posibles de transar, los pares de divisas más nobles para transar en términos de profundidad de mercado y volatilidad son los relacionados a las economías de Norteamérica y de Europa.

Si bien todo este procedimiento puede ser perfectamente válido para todos los pares de divisas existentes, se recomienda a los operadores analizar oportunidades de inversión en los siguientes pares de divisas por ser éstos de momento los más conocidos en su comportamiento:

Market Watch: 13:11:21		✕
Symbol	Bid	Ask
⬧ EURUSD	1.5601	1.5603
⬧ USDJPY	104.47	104.49
⬧ USDCHF	1.0367	1.0370
⬧ GBPUSD	1.9833	1.9836
⬧ AUDUSD	0.9308	0.9311
⬧ USDCAD	1.0167	1.0170
⬧ NZDUSD	0.7805	0.7808
⬧ GBPJPY	207.21	207.27
⬧ GBPCHF	2.0564	2.0570
⬧ EURGBP	0.7865	0.7867
⬧ EURCHF	1.6178	1.6180
⬧ EURJPY	163.01	163.04
⬧ EURTRY	2.0162	2.0182
⬧ USDTRY	1.2914	1.2934

- **EURUSD** EuroDólar
- **GBPUSD** LibraDólar

A pesar que se sugiere operar sólo EURUSD y GBPUSD, existe una extraordinaria noticia. Ahora existen en el mercado los derivados denominados "*Contract For Difference*" los cuales operan con exactamente el mismo concepto de una cuenta FOREX.

Los CFD se han hecho muy populares en los últimos 5 años. Ya existe una profundidad y liquidez inmensa. Más del 40% de las inversiones que antes se realizaban en acciones se están realizando en estos instrumentos, debido a sus reconocidas ventajas. Estamos seguros de que van a convertirse en el principal instrumento de inversión del mercado financiero.

Antes el producto clásico en renta variable era comprar o vender acciones. El cliente abría una cuenta en el *broker* y realizaba una transferencia de capital a su cuenta de *trading*, el cual era apalancado como máximo 2 veces para operaciones *swingtrading* y 4 veces para operaciones *intraday*. A través de un *broker* se puede invertir en CFDs con apalancamiento de hasta 100 veces su capital.

- Los CFDs (Contratos por Diferencia) son contratos financieros (derivados) que replican el rendimiento de una acción, índice de acciones, monedas extranjeras o metales. Otorgan todos los derechos económicos del activo que representan (dividendos y otros) pero no otros derechos del activo tales como quórum para juntas, etc.

- Los CFD (Contratos por diferencia) se crearon para que los clientes pudieran obtener todos los beneficios de las acciones o instrumentos, sin realmente poseerlos. En vez de comprar, por ejemplo, **100 acciones MSFT** de Microsoft a un *broker*, puede comprar **1 lote de 100 acciones MSFT** Microsoft desde la plataforma de inversiones CFD. Una subida de $5 por acción supondría un beneficio de $500, como si realmente hubiera comprado las acciones.

- Gracias a los CFDs el cliente puede invertir en un amplio Portafolio diversificado en variados instrumentos utilizando los siguientes subyacentes:
  - ▶ acciones (europeas, americanas y asiáticas)
  - ▶ índices accionarios mundiales de las diferentes regiones
  - ▶ monedas extranjeras duras
  - ▶ metales
  - ▶ granos.

CAPÍTULO 10.
HORARIO RECOMENDADO PARA TRANSAR

El par GBP/USD debiera ser transado de 8:00 hrs hasta las 13:00 hrs., ya que a esa hora cierra la actividad en LONDRES. Se reactiva entre 4 y 5 A.M. ya que a la apertura de LONDRES aun esta abierto el mercado de JAPÓN.

El par EUR/USD debiera ser transado de 8:00 hrs. hasta las 17:00 hrs, ya que a esa hora cierra la actividad en USA.

Traslapo de Mercados

HORA DEL ESTE	1	2	3	4	5	6	7	8	9	10	11	12	13	14	15	16	17	18	19	20	21	22	23	24
ASIA																								
EUROPA																								
USA																								

CAPÍTULO 11.
SOFTWARE GRÁFICO RECOMENDADO

Uno de los softwares más gentiles para realizar análisis técnico es METATRADER. Para solicitar DEMO:
http://www.metaquotes.net/files/mt4setup.exe

Para poder visualizar las velas adecuadamente se sugiere utilizar el software **METATRADER** con *setting* en las siguientes Propiedades:

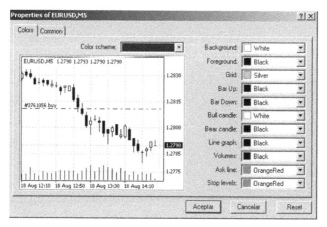

CAPÍTULO 12.
ESPESOR DEL MERCADO

El mercado FOREX por su magnitud inmensa siempre tendrá la profundidad y liquidez como para ejecutar instantáneamente cualquiera transacción que planifiquemos realizar. No obstante, para llevar a cabo una transacción, idealmente se requiere un mercado vigoroso que haga que el tránsito esperado se realice en un tiempo lo más corto posible.

Una apreciación de la fortaleza del mercado se obtiene observando el indicador MACD (16,26,9) en **gráfico de 5 minutos**. Se sugiere que este indicador en su máxima potencia al alza o a la baja debe tener a lo menos un valor de 0,00150 ó 150 puntos MACD.

Valores menores hacen que la operación se quede pegada por largo tiempo o se desvirtúe el análisis realizado al momento de detectar la oportunidad de inversión:

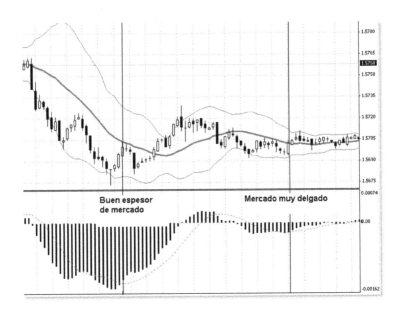

Veamos otro ejemplo:

En el par EURUSD un espesor de mercado de 248 puntos se diluye por más de 5 hrs. desarrollando un soporte muy fuerte.

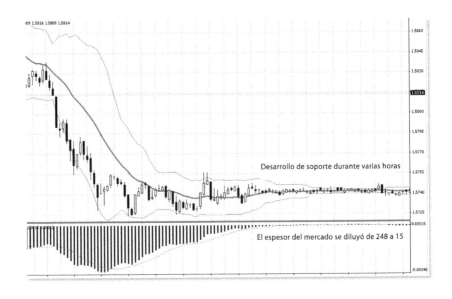

Lo lógico era esperar una fuerte corrección al alza. Efecti-vamente el mercado en las horas siguientes subió más de 100 pips.

CAPÍTULO 13.
CONDICIÓN IDEAL PARA UN MERCADO TRANSABLE

El mercado ideal para transar es cuando en gráfico de 1 minuto el cuerpo de la mayoría de las velas tiene una magnitud de 1-2 pips, con colas moderadas por un sólo extremo. Esto le permite trazar ondulaciones fáciles de seguir.

Cuando el mercado se presenta en gráficos de 1 minuto con velas de 3-5 pips y con colas exageradas por ambos extremos, estamos frente a un mercado que no muestra claramente su cadencia, muy volátil y difícil de atrapar.

CAPÍTULO 14.
PREPARACIÓN AL COMENZAR LA SESIÓN DE TRADING

a. Se recomienda que el operador esté frente al terminal **30 minutos antes de comenzar la sesión de** *trading*. Así tendrá tiempo de encender con calma todos los PC, abrir los sistemas, "calentar los motores" de su cerebro y ordenar su lugar de trabajo para la sesión. Tendrá tiempo de prepararse un buen café mientras revisa la agenda de noticias que puedan impactar el mercado. Recordemos que en lo posible se debe estar fuera del mercado al momento que se anuncien noticias. El mercado debe seguirse, no predecirse.

b. Familiarizarse durante a lo menos 15 minutos con el mercado en los diferentes horizontes de tiempo **30 min, 15 min, 5 minutos** para detectar la armonía de la tendencia mostrada en **Gráfico de 1 hr principalmente, y gráfico de 1 día** como ambiente general.

- Si detecta oportunidades a favor de la tendencia podrá tener un objetivo más ambicioso.
- Si detecta oportunidades en contra de la tendencia, deberá ser mesurado en su objetivo e incluso podrá colocar de antemano un Precio Límite que le dé una ganancia corta.

c. En caso que se le detone una falla de **30 pips negativos, estará prohibido entrar en otra posición antes de 30 minutos.** El operador deberá usar este tiempo para analizar cual fue el motivo de la falla y reinterpretar el mercado.

d. Se recomienda partir el día con una gran sonrisa que ilumine su actuar, independiente del resultado obtenido en el día anterior.

CAPÍTULO 15.
PASOS A SEGUIR AL MOMENTO DE TRANSAR

SECUENCIA DE PASOS	
Check Agenda Noticias del día	PASO 0
Detección oportunidad y Precio Objetivo	PASO 1
Check armonía otros horizontes	PASO 2
Disparo alta precisión en 1 min.	PASO 3
Colocar STOP LOSS	PASO 4
¿Tiene coherencia aún?	PASO 5
Monitoreo cierre en 1 minuto	PASO 6

PASO 0: CHEQUEO DE NOTICIAS

Una trampa que se debe evitar es estar adentro con una posición abierta al momento que se anuncian noticias, ya que la estrategia es seguir al mercado, y no predecirlo. Al comienzo del día se **debe obligatoriamente revisar la agenda de noticias** del día y su hora de anuncio precisa.

Ver en el sitio web **www.forexfactory.com** la agenda de cada
día:

Today's Calendar						Tomorrow	This Week	Filter
Date	11:03am	Currency	Impact		Detail	Actual	Forecast	Previous
Tue May 6	12:30am	AUD		Monetary Policy Statement				
	12:30am	AUD		Cash Rate		7.25%	7.25%	7.25%
	1:45am	CHF		CPI m/m		0.8%	0.8%	0.3%
	3:30am	EUR		ECB President Trichet Speaks				
	4:00am	EUR		Services PMI (r)		52.0	51.8	51.8
	4:30am	GBP		Services PMI		50.4	51.7	52.1
	5:00am	EUR		PPI m/m		0.7%	0.6%	0.7%
	8:30am	CAD		Building Permits m/m		4.5%	1.3%	0.8%
	10:00am	CAD		Ivey PMI		57.6	54.5	59.0
	10:00am	USD		Fed Publishes TAF Summary				
	5:00pm	NZD		RBNZ Financial Stability Report				
	7:01pm	GBP		Consumer Confidence Index			74	77
	7:30pm	AUD		Construction PMI				48.4

Estar con una operación abierta al momento de la noticia
puede derrotar al mejor *trader*.

Veamos un ejemplo:

A las 12:29 el EURUSD estaba a 1,5385. Entregan una noticia
y el mercado cayó 25 pips en forma instantánea a 1,5365.

Luego de 5 minutos el mercado se había recuperado 45 pips
subiendo a 1,5410.

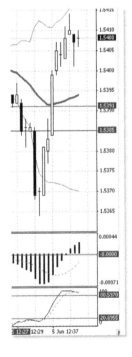

PASO 1: DETECCIÓN OPORTUNIDADES

La observación permanente de la gráfica de 1 min. permitirá detectar tempranamente cualquier movimiento que intente el mercado. Esto permitirá analizar en forma anticipada en gráfico de 5 min. el movimiento que pretende realizar el mercado de acuerdo a patrones conocidos, y así poder fijar de antemano un posible precio objetivo hacia el cual se dirija.

Las oportunidades de inversión deben ser detectadas en gráficos de 5 minutos, aplicando cualquiera los siguientes patrones, los cuales serán descritos en detalle más adelante en el Capítulo 16.

a.- CADENCIA: sigla CAD

b.- DINÁMICA CLÁSICA: sigla DC

c.- ESCALERILLA: sigla ESC

d.- REVERSIÓN MW: sigla MW

e.- EXPLOSIÓN BOLLINGER: sigla EB

f.- TRES VELAS: sigla TV

PASO 2: CHEQUEO EN OTROS HORIZONTES

Una vez detectada la oportunidad, ésta debe ser chequeada revisando la coherencia de ella en los horizontes de tiempo hacia delante, para evitar transar contra el mercado. Se debe revisar la tendencia en cada uno de esos horizontes en función de los indicadores MACD y STOCHASTIC combinados.

PASO 3: DISPARO ALTA PRECISIÓN

La entrada DEBE EJECUTARSE IMPERATIVAMENTE observando el **gráfico de 1 minuto** cuando el **MACD y STOCH (MC)** estén alineados con la tendencia esperada, para así optimizar el precio de entrada. Se hace especial hincapié en respetar esto, ya que no hacerlo significa entrar a un precio poco conveniente y dar un paseo inútil en contra del mercado.

Si no se diera un STOCHASTIC adecuado para entrar, debe dejarse pasar esa oportunidad, o esperar otro punto de entrada, si aun prevaleciera como oportunidad atractiva.

PASO 4: COLOCACIÓN STOP

Para cada operación entrando en gráfico de 1 minuto con MC, apoyado por los patrones gráficos de 5 minutos, se aplicará un STOP de -30 pips.

PASO 5: CHEQUEO COHERENCIA

Una vez ejecutada la entrada en la posición, el operador deberá nuevamente comprobar la armonía de MACD y STOCHASTIC combinados, en los gráficos de horizonte de tiempo de 5, 15 y 30 minutos.

Si llegase a la conclusión que la tendencia se está revirtiendo porque se configura una MC contraria en 1 minuto, y no hay armonía en los otros horizontes, deberá cerrar la operación tan pronto el precio plasme 1 vela más allá de la media de 1 minuto, con un costo en lo posible menor al STOP. No debe quedarse a desafiar el STOP!!... ya que es preferible cerrar la posición con una pérdida pequeña y optar a otra operación. El STOP es sólo para las emergencias no controladas.

"El que reconoce un error y no lo corrige, comete otro error aún mayor." Confucio

PASO 6: MONITOREO DEL CIERRE

El monitoreo de la posición debe realizarse en la gráfica de 1 minuto para dejar correr las ganancias lo máximo posible y con cierre manual.

El LIMIT es lícito colocarlo cuando se diseña una posición de pocos pips, anticipando el movimiento que realizará el mercado, de acuerdo al patrón detectado en gráfico de 5 minutos.

CAPÍTULO 16.
EJECUCIÓN DE LA ENTRADA A LA POSICIÓN

MC: MATCHCORD. GRÁFICO DE 1 MINUTO

Este método se utiliza para poner en ejecución la oportunidad detectada en función de los patrones típicos que presenta el mercado en gráfico 5 minutos.

Las MC más generosas se obtienen cuando se produce con un desarrollo del MACD en gráfico de 1 minuto desde su posición **Máxima Potencia** hasta la finalización de la **Segunda Fase**.

ENTRADA:

El pase de entrada de este método MC está dado por 4 pasos:

ENTRADA = Final CAD 1 min + MC 1 min + STOCH 5 min + Check SLOP 5 min

PASO 1:

El primer paso es detectar cuando se está agotando la cadencia anterior Final CAD, en gráfico de 1 minuto.

PASO 2:

Luego debe plasmarse un MACD posicionado en MÁXIMA POTENCIA, acompañado de un STOCHASTIC LEGÍTIMO. Esto se denomina MC en 1 minuto, la cual puede ser Long o Short.

PASO 3:

Además, la condición imprescindible es que exista a lo menos un indicador **STOCHASTIC LEGÍTIMO en gráfico de 5 minutos** (mejor aun si MACD de 5 min. hubiese iniciado 2ª Fase, o en repechaje.)

Si a la espera que se plasme un STOCHASTIC LEGÍTIMO en 5 min. estando éste en la zona de sobrecompra/sobreventa, el MACD de 1 min. iniciara su 2ª Fase, y el STOCH. de 1 min. progresara a su nivel de sobrecompra o sobreventa, debe considerarse aun válido entrar a dicha posición, ya que será incluso mayor su probabilidad de éxito.

PASO 4:

Cuando el precio aún no ha cruzado la media de 5 min, es muy importante chequear la pendiente SLOP de la media de 5 minutos, ya que si ésta fuese muy fuerte en tendencia contraria (> 45°), puede rebotar en ella y detonar el STOP. Lo ideal es que la CAD de 5 min se encuentre en el tercio final de su oscilación.

Nota: La magnitud del MACD de la MC de 1 min. no tiene ninguna relación con el movimiento que está anticipando. Esto significa que un MACD pequeño, puede anticipar tanto un movimiento pequeño como grande. Es decir, su tamaño no es razón para descartar el inicio de una operación.

EJEMPLO 1: Gráfico 1 minuto - MC a la baja con Segunda Fase

La salida para este tipo de operaciones debe monitorearse mediante la evolución del MACD.

Se puede observar que fue tomada en MACD en Máx. Potencia a la baja y luego llegó a "cero". Luego inició la Segunda Fase y llegó a su punto máximo inferior. Ese es el punto óptimo para cerrarse.

Esta operación otorgó 17 pips brutos.

Gráfico 2: 1 Minuto-MC al alza con Segunda Fase

Se puede observar que fue tomada en MACD en Máx. Potencia al alza y luego llegó a "cero". Luego inició la Segunda Fase y llegó a su punto maximo superior. Ese es el punto óptimo para cerrarse.

Esta operación otorgó
17 pips brutos.

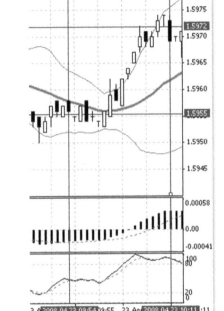

Gráfico 3: 1 Minuto-MC a la Baja sin Segunda Fase

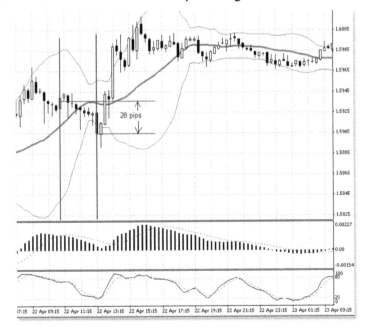

Se puede observar que el MACD no entra en segunda Fase y violentamente se produce un rebote en dirección contraria.

Para cerrar exitosamente se debe estar muy alerta y aprovechar cuando el Stochastic se clava en el límite.

En general se recomienda usar Limit de 10 pips cuando no se tiene la certeza que desarrollará la Segunda Fase.

Gráfico 4: 1 Minuto-MC al Alza sin Segunda Fase

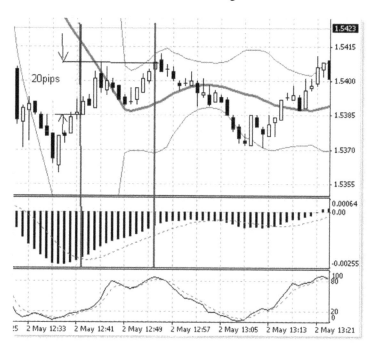

Se puede observar que el MACD no entra en Segunda Fase y se produce un rebote muy rápido en dirección contraria.

Para cerrar exitosamente se debe estar muy alerta y aprovechar cuando el Stochastic se clava en el límite.

En general se recomienda usar Limit de 10 pips cuando no se tiene la certeza que desarrollara la Segunda Fase.

Ejemplo: Serie de operaciones exitosas MC, desarrollada durante una de DINÁMICA CLÁSICA de 5 minutos.

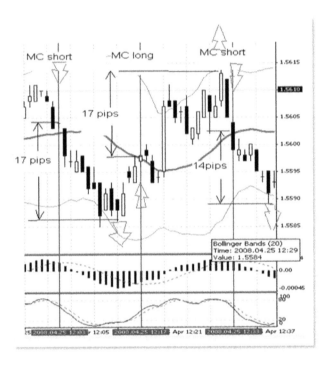

CAPÍTULO 17.
DETECCIÓN DE OPORTUNIDADES EN PATRONES TÍPICOS

a.- CAD: CADENCIA DEL MERCADO. Gráfico de 5 minutos

La conjunción de CADENCIA en todos los horizontes 5 min, 15 min, 30 min y 1 hora se presenta poco a menudo. Pero se puede utilizar con mucha precisión la siguiente forma de detectar una adecuada CADENCIA que permita obtener suficientes pips de ganancia.

El método CAD está dado por la conjunción de 4 pasos:

ENTRADA = CAD 5 min + 2ª FASE MACD 5 min + MC 15 min + Check SLOP 15 min

PRIMER PASO: CAD 5 min

En gráfico de 5 min. se debe **detectar una CADENCIA** al inicio del ciclo (**primer tercio**). Para asegurar que sea una CAD legítima se deberá esperar a que la curvatura de la media de 5min. tenga una altura de a lo menos 5 pips.

SEGUNDO PASO: 2ª FASE MACD 5 min

Esperar a que se configure el inicio de la **2ª Fase del MACD en 5 minutos**.

Ejemplo de LONG
al alza

Ejemplo de SHORT
a la baja

TERCER PASO: MC 15 min

En el horizonte de 15 minutos comprobar que esté amparada por la configuración **MC** (combinación de MACD y STOCHASTIC LEGÍTIMO) en la dirección esperada. (mejor aun si MACD iniciara 2ª Fase)

CUARTO PASO: Check SLOP 15min

Cuando el precio aún no ha cruzado la media de 15 min, debe observarse si la media de 15 minutos tiene pendiente muy fuerte (SLOP) en contra de la dirección esperada (> 45º). En estos casos se produce un *pullback* en la media que puede detonar el STOP LOSS.

Si la CAD de 15 minutos está en su tercio final, probablemente el precio cruzará la media limpiamente.

Si el precio ya ha cruzado la media de 15 min. existirán altas probabilidades de éxito para la operación.

Ejemplo de ÉXITO SHORT: Gráfico 5 min

Una vez confirmada CAD a la baja y su respectivo inicio de MACD en 2ª Fase en 5 min, se verifica MC en el Horizonte siguiente. Se observa que el precio ya ha cruzado la media e incluso el MACD en 15 min. incluso ha iniciado la 2ª Fase, dando el pase para tomar una muy adecuada posición a la baja.

Ejemplo de ÉXITO SHORT: Gráfico 15 min

b.- DC: DINÁMICA CLÁSICA. Gráfico de 5 minutos

Este método aplica cuando el mercado está con las bandas Bollinger horizontales y amplias. El tránsito del precio de un extremo a otro funciona con mucha rigurosidad.

Las Bandas de Bollinger están trazadas como 2 Desviaciones Standard, sobre y bajo el promedio móvil. Es una extraordinaria herramienta para descubrir o anticipar los movimientos que hará el mercado.

La dinámica clásica del comportamiento de los mercados en términos estadísticos, según SAVING TRUST, es la siguiente:

"El mercado se comporta como el desplazamiento recurrente del equilibrio de la oferta y la demanda entre sus extremos + 2 desv. Std. y - 2 desv. Std.".

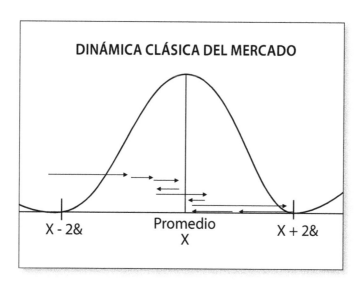

Vale decir, un PAR subirá de precio al restringirse su oferta, o aumentar su demanda, llegando hasta un máximo de precio al cual ya el público considere que está cara, y ya nadie tenga interés en adquirirla. En ése momento, quienes compraron barato desearán venderla para materializar su ganancia virtual, aumentando de este modo la oferta al mercado.

Este aumento de oferta producirá inevitablemente una baja del precio de la acción hasta un precio tal que el mercado la considere barata, y el público vea con interés su adquisición.

Este aumento de la demanda hará volver a repetir el ciclo descrito anteriormente.

El precio transitará del siguiente modo:

1. Habiendo abandonado la banda inferior avanzará hacia el promedio móvil. Si no hay noticias en contrario, el precio cruzará el promedio avanzando hasta topar con un cierre o un máximo de precio la Bollinger superior.

   Si hay noticias adversas se atrapa en el promedio o puede regresar a la Bollinger, para partir nuevamente en su periplo.

2. Abandonando la Bollinger superior ajustará hacia el promedio. Si no hay noticias en contrario, el precio cruzará el promedio a la búsqueda de la banda inferior.

El tránsito funciona con mucha rigurosidad cuando las bandas se encuentran horizontales y amplias.

Entrada de Posición:

En gráfico de 5 minutos:

a) Se puede entrar cuando rebota en la Bollinger con objetivo hacia el promedio. Si se lograra confirmar el cruce de la media, se puede llegar hasta la banda Bollinger opuesta consiguiendo una gran ganancia.

b) Se puede entrar cuando se confirma un cuerpo de vela materializado más allá del promedio, con un objetivo de precio al llegar a la Banda Bollinger en esa misma dirección. Ver Gráfica en la siguiente página.

Advertencia: Si las Bandas no están horizontales y **la pendiente es muy fuerte en sentido contrario**, el precio rebota en

la media en dirección contraria para intentar cruzarla nuevamente.

Si la pendiente está plana cruza la media sin mayor proble-
ma.

Si la pendiente está a favor de la tendencia esperada, el precio
cruza la media muy rápidamente.

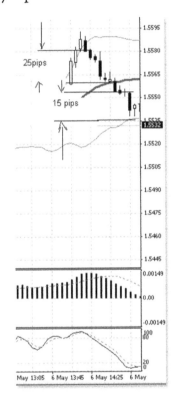

c.- ESC: ESCALERILLAS. Gráfico de 5 minutos

Se denomina así el tránsito del precio haciendo rebotes entre
la Banda Bollinger y el promedio hasta su agotamiento.

Este comportamiento se puede detectar en tendencia al alza
como también a la baja.

Escalerilla al ALZA:

Escalerilla a la BAJA:

Entrada de Posición:

Para entrar con esta estrategia es importante que se confirme que se está a un inicio de cadencia en gráfico de 5 minutos, respaldada por CAD de 15 min y 30 min.

Por otra parte debe comprobarse que exista la amplitud suficiente entre la Banda Bollinger y su promedio, para obtener a lo menos 10 pips en cada oscilación.

d.- MW: REVERSIÓN MW. Gráfico de 5 minutos

El Monstruo de los mercados se frota las manos para atacar a sus presas precisamente en la zona de reversión de una tendencia.

Afortunadamente el mercado no puede evitar dejar huellas típicas en la evolución del precio de un PAR que delata el término o finalización de ese movimiento. Esto podrá ser utilizado por el operador como una herramienta útil para reconocer la trampa que tiende el Monstruo y mantenerse alejado de ella hasta que el mercado tome una tendencia definida.

Transar en esta zona es extremadamente difícil y sólo lo logran los profesionales, o *traders* con mucha experiencia o con buena fortuna.

Patrones Típicos de Reversión de Tendencia al Alza "W" o a la Baja "M":

Estos son patrones de reversión funcionan como predictores del comportamiento del mercado porque no es más que la representación gráfica de lo que hacen los *traders*. Veamos por ejemplo un final de tendencia a la baja:

- Frente a un desplazamiento pronunciado del precio de un par de monedas se dibuja el primer trazo de la W. (A-B)
- Ante esta oportunidad sale un poder comprador a tomar posición.
  Esta fuerte demanda impulsa el precio formando el segundo trazo de la W. (B-C)
- Con este último movimiento, quienes tomaron posición inicialmente ya han cumplido su objetivo de precio y comienzan a cerrar sus posiciones lo que hace ceder el precio. Esto dibuja el tercer trazo de la W. (C-D)
- Pero como aún prevalece en el ambiente la oportunidad de entrar a esta posición, comienza una nueva demanda pero esta vez mucho más sostenida y que arrastra a la masa de inversionistas. Esto dibuja el último trazo de la W. (D-E)

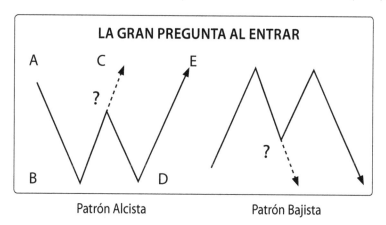

Patrón Alcista   Patrón Bajista

**El eterno dilema será… en qué parte
de la "W" o "M" estamos entrando?**

Para no caer en la trampa se debe buscar la coherencia con los indicadores MACD y STOCH.

Se sugiere colocar las bandas de Bollinger (simple de 20,2) y trazar los precios en gráficos de línea para ver con más claridad los patrones de reversión de tendencia M o W.

Los horizontes de tiempo a revisar para encontrar oportunidades de inversión son los gráficos de 5 minutos y los patrones que se configuran pegados a la Bollinger, denominados anomalías extremas.

Ejemplo:

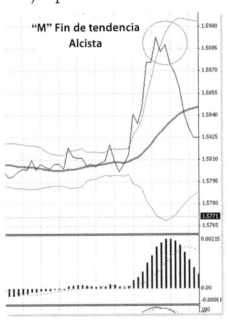

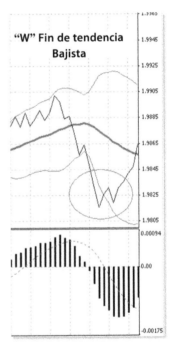

Entrada en una Posición:

Si se proyecta que ocurrirá un patrón "M" o "W" hay dos puntos que pueden ser aprovechados para obtener ganancias:

X.- PULL BACK:

Entrar en el centro de la "M" o la "W" intentando ganar la posición con el PULL BACK que realiza el mercado en dirección contraria al patrón que está trazando.

Si la Bollinger no se encuentra horizontal, muchas veces la segunda pata de la "M" o la "W" puede ser alojada en valores muy atractivos para obtener una alta rentabilidad de la posición. Ver la siguiente figura:

Patrón Fin de Tendencia Bajista

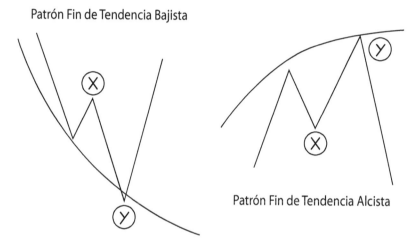

Patrón Fin de Tendencia Alcista

Y.- CAZAR LA SEGUNDA PATA:

También se puede tomar posición de **ENTRADA** directamente en la segunda PATA de la "W" o "M". Ojo con la Banda de Bollinger, la cual debe estar horizontal o pendiente positiva para las LONG, y horizontal o pendiente negativa para las SHORT.

Comentarios:

a) Para acompañar los patrones típicos se aconseja la alineación de los siguientes indicadores en orden de importancia:

- **STOCHASTIC:** Debe estar sobre 20% en las posiciones LONG, ascendiendo desde abajo. Estar bajo 80% en las posiciones SHORT, descendiendo desde arriba.
- **MACD:** En posición de máxima potencia, es decir cuando se produce el cruce de los EMA de este indicador.

b) Para aumentar la probabilidad de aciertos se insiste en tomar los patrones "M" o "W" pegados a las bandas de Bollinger.

c) Para mayor seguridad en el resultado de la operación, al tomar las oportunidades "Y", el objetivo de precio debería estar contenido en el tránsito del precio de entrada y el promedio Bollinger. Esto es debido a que el desplazamiento del precio por dinámica clásica no garantiza que cruce inmediatamente el promedio hasta la Bollinger opuesta.

e.- EB: LA EXPLOSIÓN DE BOLLINGER (simple, 20,2)
Gráfico 5 minutos

Con el calendario de noticias, cada día se producirán oportunidad de hacer ganancias. Es muy típico observar que **luego de un estrangulamiento de las bandas Bollinger se produzca la explosión de las bandas en forma de embudo con un arranque de los precios en alguna dirección.**

Una vez producida la estrangulación de las Bandas de Bollinger estaremos atentos a observar una situación inminente: **Una vela de tamaño exagerado comparado con las últimas 10 velas**

anteriores ocurridas durante el estrangulamiento. La vela exagerada debe tener un tamaño de a lo menos 2 veces el tamaño del cuerpo del promedio de las últimas 10 velas, en gráficos de 5 minutos.

Entrada de Posición:

Una vez ocurrido este evento se espera al cierre de esa vela exagerada y se toma una posición **en la misma dirección tan pronto nazca la segunda vela**, en gráficos de 5 minutos. Incluso en un PullBack puede aprovechar de entrar a mejor precio que el cierre de la vela anterior si el mercado se lo ofrece. Si hay Pullback no debe ser motivo de duda… sino todo lo contrario. Es un regalo de entrar a mejor precio!!

Para mayor seguridad de entrar se recomienda **estudiar la 4 vela de 1 minuto y dejar colocado una orden LIMIT**, para que no desaprovechar la oportunidad de entrar en caso que se escape el precio y no tome la orden la plataforma.

Habremos tomado una posición de **continuación de tendencia.**

Una vez que se dispara el precio después de un estrangulamiento, se producirá un **deslizamiento del precio por la banda de Bollinger**, otorgando un generoso avance.

El operador deberá luchar contra la tentación de cerrar la posición con una pequeña ganancia. Lo menos que se debería obtener en estas operaciones es 20 pips, dependiendo del estómago para resistir la tensión que produce el *trading*.

Advertencia 1: Cuando la explosión de EB no va acompañada de la expansión de las bandas en forma de embudo, el precio tiende a hacer un pullback al cambio de vela en gráfico de 5 min, lo que puede ser aprovechado para entrar a un mejor precio.

Ejemplo con embudo:

Ejemplo sin embudo:

Advertencia 2: Otra advertencia es que si durante la explosión de la vela se plasma un GAP... ese objetivo debe ser corto, ya que se presume que el precio podría transitar en dirección contraria para curar ese GAP abierto.

Ejemplos de EXPLOSIÓN BOLLINGER

Ejemplo 1: Veamos como se aplica todo esto en el ejemplo en la figura siguiente:

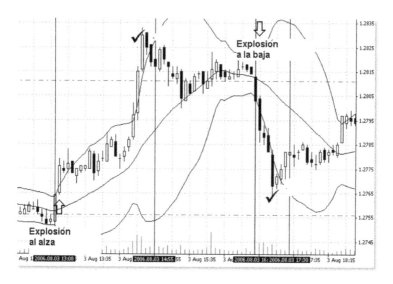

1) Luego de haberse producido una estrangulación de las Bandas por un tiempo prolongado en EUR/USD, a las 13:00 del 3 de Ago 06 se produce la explosión de Bollinger: una vela exagerada, cuyo cuerpo debe ser el doble del promedio de los cuerpos de las últimas 10 velas.

2) Se toma posición al alza a la vela siguiente en 1,2765 con STOP de 20 pips. Podemos observar que nos acompaña la cadencia del mercado.

3) El precio arrancó al alza hasta 1,2830 habiendo permitido cerrar la posición con una ganancia bruta en un rango de 10 a 65 pips, dependiendo del estómago para resistir la tensión que produce el *trading*.

4) Luego el precio abandona la banda superior de Bollinger y se procede al cierre.

Ejemplo 2:

El tomar una posición siempre involucra un riesgo muy alto por la exposición a la pérdida. Por esta razón, una vez que ha comenzado el rally alcista, el arte del *trading* se centra en aprovechar al máximo el avance de precio.

Como se puede apreciar, en este ejemplo tomamos la entrada a 1,5601 y salimos a 1,5608 con 7 pips. Predominó la ansiedad por asegurar la operación.

Si se lograra dominar el arte de la salida, observando el agotamiento del precio, se habría obtenido la recompensa mayor de cerrar a 1,5644 con 43 pips. Observar que el Stoch. ya comienza a cruzar hacia abajo el nivel de 80%, lo cual puede ayudar como criterio para detectar que ya perdió la fuerza al alza.

Ejemplo 3: Ocurrencia de la Explosión de Bollinger

Continuación de la tendencia mostrada por el gatillo de la explosión:

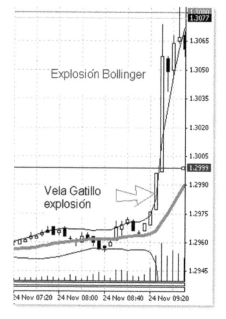

Otro ejemplo:

Se produce una vela exagerada, la cual es considerada como gatillo para entrar en la siguiente vela en la misma dirección LONG. Se decide entrar en el pullback a 1,9824.

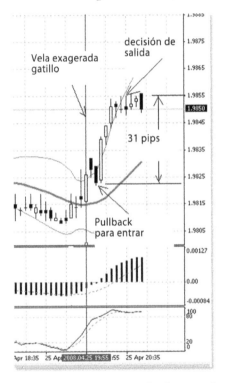

Se deja evolucionar hasta que pierda fuerza el stoch.
Salida a 1,9855 otorgando 31 pips brutos.

f.- TV: TRES VELAS. Gráfico de 5 min

Generalmente luego de una Explosión de Bollinger EB, nos encontraremos frente a un mercado desplazado, una anomalía extrema, que nos ofrecerá oportunidades de entrada en sentido contrario al avance del mercado con la EB.

Entrada de Posición:

Cuando el precio abandone la Banda de Bollinger y se materialicen **3 velas consecutivas**, entonces será la señal para entrar en una posición para aprovechar el regreso del precio, hacia la media. Esto significa que el objetivo de este método debe ser corto... aproximadamente 10 pips.

El gatillo de **3 velas consecutivas** es muy interesante porque en forma simple engloba el cumplimiento de varios conceptos: Cruce de medias exp. de 5 y 10, estocástico y MACD en buena potencia.

Se toma una posición **en la misma dirección tan pronto nazca la cuarta vela**, en gráficos de 5 minutos. Incluso en un Pull-Back puede aprovechar de entrar a mejor precio que el cierre de la vela anterior si el mercado se lo ofrece. Si hay Pullback no debe ser motivo de duda... sino todo lo contrario. Es un regalo de entrar a mejor precio!!

Nota: La cruz (vela sin cuerpo) no se debe tomar como vela.

Aplicación Práctica

Veamos como se aplica todo esto en el ejemplo en la figura siguiente:

1) Luego de haberse producido una estrangulación de las Bandas por un tiempo prolongado en EUR/USD, a las 13:00 del 3 de Ago 06 se produce la explosión de Bollinger: El precio arrancó al alza hasta 1,2830

2) Luego el precio abandona la banda superior de Bollinger y a las 14:55 marca **3 velas consecutivas a la baja**.

3) Se toma posición a la baja en la vela siguiente a 1.2820 con STOP de 35 pips.

4) El precio cayó a 1.2800 habiendo permitido cerrar la posición con hasta 20 pips bruto.

CAPÍTULO 18.
ACERCA DEL PRECIO OBJETIVO PARA CERRAR

Cuando se decide no colocar precio objetivo LIMIT, el monitoreo de la posición puede ser realizado de la siguiente forma, con el propósito de dejar correr las ganancias lo máximo posible.

A.- EN GRÁFICO DE 1 MINUTO:

El cierre debe ser monitoreado y ejecutado dependiendo de la forma en que evoluciona el gráfico de 1 minuto:
a.- ESCALERILLA
b.- DESLIZAMIENTO
c.- ARRANQUE

Descripción:
a.- ESCALERILLA: En este caso tanto las bandas como el promedio se desplazan en la misma dirección y el precio

avanza en escalerillas rebotando entre la banda Bollinger y el promedio.

Cuando el precio ya ha avanzado lo suficiente como para asegurar ganancias, debe cerrarse la operación cuando materializa un cuerpo de vela más allá del promedio.

Veamos un Ejemplo real en el par EURUSD:

Para monitorear esta posición tomada **se utilizó la gráfica de 1 minuto**, lo que permitió dejarla correr desde 1,5691 hasta 1,5660 nivel en el cual se materializó una vela sobre la media de 1 min. dando 31 pips brutos, lo que es considerado como una excelente cosecha.

b.- DESLIZAMIENTO: En este caso, las bandas se abren como embudo y el precio avanza deslizándose por la banda Bollinger.

Debe cerrarse la operación cuando el precio se queda colgado, abandonando la banda Bollinger.

Ejemplo:

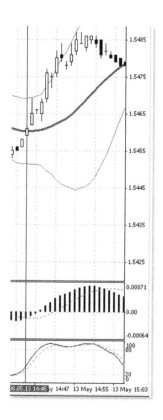

c.- ARRANQUE: Si el precio tuviera un movimiento brusco fuera de las bandas se debe aprovechar la oportunidad de **cerrar inmediatamente a ese precio,** ya que tenderá a realizar un fuerte pullback para reingresar dentro de las Bandas Bollinger. Ver Ejemplo en la siguiente página.

Ejemplo:

B.- EN GRÁFICO DE 5 MINUTOS:

Otro criterio muy válido para lograr el objetivo de atrapar una buena cosecha es optar al cierre de la posición cuando el indicador MACD de 5 min. desarrolla su punto de inflexión máximo en la Segunda Fase.

Para determinar este punto debe seguirse con el botón cursor del METATRADER la altura del MACD hasta que la vela siguiente indique que se ha desarrollado su primer o único máximo de la 2ª Fase.

Si lográramos realizar lo anterior con éxito, habremos cumplido con la aspiración de dejar correr el precio en la dirección esperada para sacar el máximo de ganancia de la posición.

No obstante… siempre existirá el eterno dilema de cuando cosechar una posición.

Si vamos ganando pocos pips y nos conformamos con eso, cuando ocurra una pérdida por STOP detonado de 30 pips, no podremos compensarla. Esto nos lleva a que la proporción de Éxitos / Fallas debe ser la adecuada para que en el ponderado se obtenga un resultado neto positivo.

El lema siempre será:

"Comer como hormiga y no defecar como elefante"... siempre y cuando las mascadas de hormiga permitan compensar las fecas de elefante. Si no lo hace... deben agrandarse las mascadas de hormiga!

Estos son puntos de resultado *break even*:

Resultado	Distribución	Pips net
éxitos	70,00%	9,0
fallas	30,00%	-20,0
TOTAL	**100,00%**	**0,3**

Esta distribución puede ser 2,4% neto mensual.

Resultado	Distribución	Pips net
éxitos	65,00%	11,0
fallas	35,00%	-20,0
TOTAL	**100,00%**	**0,2**

Esta distribución puede ser 1,6% neto mensual.

Se pueden realizar a lo menos 80 operaciones por mes con módulos de 10% del capital, operando con lotes de U$ 10.000.

CAPÍTULO 19.
CÁLCULO DE RENTABILIDAD DE UNA OPERACIÓN

La rentabilidad de una operación Forex puede ser calculada de la siguiente forma:

K = Capital inicial

% = Módulo de inversión

C = Comisiones de 2,25 pips a remontar

PB = Pips brutos (es la diferencia entre el verdadero valor de entrada y el verdadero valor de cierre en plataforma)

G = Ganancia en U$ de la operación

R = % Rentabilidad Neta de la operación

N = N° lotes de 10.000 U$ operados

Por lo tanto:

$$N = K * \% * 100/10.000$$
$$\textbf{G = Ganancia U\$ = (PB - C)} * \textbf{N}$$
$$R = \% \text{ Rentabilidad Neta} = G/K$$

Ejemplo: Explosión de Bollinger

Se produce una vela exagerada. Se decide entrar en el pull-back a 1,9824.

Se deja evolucionar hasta que pierda fuerza el Stoch. Salida a 1,9855 otorgando **PB = 31 pips** brutos.

K = Capital U$10.000, Módulo de capital = 10% = **U$ 1.000**.
O sea puede transar el siguiente número de lotes:

N = 10.000 * 10% * 100/10.000 = 10 lotes de U$ 10.000.

C = La comisión es de 2,25U$ por lote ida y vuelta.

$$\textbf{G U\$ = (PB - C)} * \textbf{N}$$

G = (31-2,25) * 10

G = 287,5 U$

R = Rentabilidad = 287,5/10.000 = 2,875% neta.

CAPÍTULO 20.
COMENTARIO FINAL: SER ABEJA O MOSCA?

Si bien se ha establecido un procedimiento para comprar y para vender PARES de divisas en el mercado FOREX, no hay que confundir el ahínco con una obstinación suicida a la hora de aplicarlo. En el libro *"Les dix hommes les plus riches du monde"* se cita un experimento muy esclarecedor que sugiere que se debe desconfiar de cualquier forma de obstinación y saber adaptarse:

"Si se ponen diez abejas y diez moscas en una botella acostada con el fondo hacia una ventana, se verá que las abejas no dejarán de tratar de descubrir una salida a través del vidrio, hasta morir de agotamiento, mientras que las moscas, en menos de diez minutos, habrán salido por la boca, en el otro extremo. Es el amor ciego por la luz y su inteligencia, lo que provoca la muerte de las abejas en esta experiencia. Se imaginan, en apariencia, que la salida de la prisión debe encontrarse allí donde la luz es más viva, y actúan en

consecuencia, obstinándose en esa acción demasiado lógica. Para ellas, el vidrio es un misterio sobrenatural que nunca han encontrado en la naturaleza, y como no tienen experiencia alguna de esa atmósfera impenetrable, y su inteligencia está más desarrollada que la de las moscas, más inadmisible e incomprensible les resulta aquel obstáculo. Mientras que las ignorantes moscas, indiferentes tanto a la lógica como al enigma del vidrio, indiferentes a la atracción de la luz, vuelan frenéticamente en todos los sentidos y encuentran allí su buena fortuna,

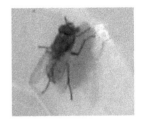

que sonríe siempre a los simples que encuentran su dicha allí donde los sabios perecen, terminando necesariamente por descubrir la abertura que les devuelve su libertad."

El proceso de decisión debe acomodarse, pese a su firmeza, en una suerte de readaptación constante. Una nueva decisión rápida, un cambio de rumbo, a menudo puede salvar una situación. Al final, no es una ciencia, ¡es un arte! El arte del buen *trader* consiste en saber reconocer cuál es el momento oportuno para actuar de un modo u otro.

A pesar de todo lo dicho, es de esperar que igual ocurran errores. Pero la mejor actitud que debe tenerse frente a los errores es tener horror a equivocarse. Pero hay que aceptar el error después de haberlo cometido, aunque lo más difícil de todo sea aceptar una pérdida.

Cuando se sufre una pérdida, hay que hacer tabla rasa, aceptarla, olvidarla y volver a empezar de nuevo desde cero. Es algo así como una intervención quirúrgica. Se requiere amputar el miembro infectado antes que sea demasiado tarde. Uno debe librarse como de la peste misma del querer recuperar a toda costa el dinero perdido. Esto es difícil de aceptar y son muy pocos los operadores que consiguen actuar de este modo.

Una de las facultades indispensables para el éxito es cultivar el sutil arte de olvidar los fracasos y mirar resueltamente el futuro. Los que no aprenden a dar vuelta la página suelen quedar atrapados por el espectro de sus antiguos errores. Cada fracaso contiene una preciosa enseñanza. Además, se aprende más de un fracaso que de un éxito si uno se plantea sanamente cuál fue la razón del fracaso y analiza sus ideas, sus métodos, y sus conceptos. Si se tiene una concepción justa del error y si se han analizado bien los motivos de un fracaso, mejor se comprenderá el camino al éxito.

ANEXO

**TABLA DE RESULTADOS DE CUENTA OPERADA
SEGÚN MÉTODO TRADING BY SURFING**

RESULTADOS OPERACIONES FOREX
TRADING BY SURFING

Resultado	% Distribución	Sucesos	Pips neto	Rentabilidad Neta
éxitos	78%	82	8,5	1,40%
fallas	22%	23	-13,4	-1,83%
TOTAL	100%	105	3,7	0,69%

Rentabilidad Neta Total del Período	100,65%

a.- Tabla

N°	Fecha, hora inicio	Fecha, hora cierre	Par	Tipo	Precio Entrada	Precio Salida	Dif. Bruta pips	Rent. Neta	CAPITAL PROPIO	N° lotes	U$ Result Neto
1	08/04/08,	08/04/08,	EURUSD	B	1,557	1,558	5,00	0,44%	630,66	1	2,75
2	08/04/08,	08/04/08,	EURUSD	B	1,559	1,560	7,00	0,75%	633,41	1	4,75
3	08/04/08,	08/04/08,	EURUSD	S	1,562	1,561	7,00	0,74%	638,16	1	4,75
4	08/04/08,	08/04/08,	EURUSD	S	1,561	1,560	7,00	0,74%	642,91	1	4,75
5	08/04/08,	08/04/08,	EURUSD	S	1,561	1,557	36,00	5,21%	647,66	1	33,75
6	08/04/08,	08/04/08,	EURUSD	S	1,558	1,558	2,00	-0,04%	681,41	1	-0,25
7	08/05/08,	08/05/08,	EURUSD	S	1,548	1,547	10,00	1,14%	681,16	1	7,75
8	08/05/08,	08/05/08,	EURUSD	S	1,548	1,547	7,00	0,69%	688,91	1	4,75
9	08/05/08,	08/05/08,	EURUSD	S	1,546	1,545	10,00	3,35%	693,66	3	23,25
10	08/05/08,	08/06/08,	EURUSD	B	1,546	1,552	58,00	7,78%	716,91	1	55,75
11	08/05/08,	08/06/08,	EURUSD	B	1,549	1,552	25,00	5,89%	772,66	2	45,50
12	08/04/08,	08/06/08,	EURUSD	B	1,559	1,552	-73,00	-9,20%	818,16	1	-75,25
13	08/05/08,	08/06/08,	EURUSD	S	1,545	1,542	33,00	12,42%	742,91	3	92,25
14	08/06/08,	08/06/08,	EURUSD	S	1,542	1,541	8,00	0,69%	835,16	1	5,75
15	08/06/08,	08/06/08,	EURUSD	S	1,541	1,540	8,00	0,68%	840,91	1	5,75
16	08/06/08,	08/06/08,	EURUSD	B	1,543	1,543	4,00	0,21%	846,66	1	1,75

Continuación Tabla

Nº	Fecha, hora inicio	Fecha, hora cierre	Par	Tipo	Precio Entrada	Precio Salida	Dif. Bruta pips	Rent. Neta	CAPITAL PROPIO	Nº lotes	U$ Result Neto
17	08/06/08,	08/06/08,	EURUSD	S	1,542	1,542	5,00	0,32%	848,41	1	2,75
18	08/06/08,	08/06/03,	EURUSD	S	1,542	1,542	5,00	0,32%	851,16	1	2,75
19	08/07/03,	08/07/03,	EURUSD	B	1,549	1,550	15,00	1,49%	853,91	1	12,75
20	08/07/08,	08/07/08,	EURUSD	S	1,548	1,547	10,00	0,89%	866,66	1	7,75
21	08/07/08,	08/07/08,	EURUSD	S	1,545	1,544	10,00	0,89%	874,41	1	7,75
22	08/07/08,	08/07/08,	EURUSD	S	1,544	1,543	13,00	1,22%	882,16	1	10,75
23	08/07/08,	08/07/08,	EURUSD	B	1,543	1,542	-5,00	-0,81%	892,91	1	-7,25
24	08/06/08,	08/07/08,	EURUSD	S	1,541	1,541	5,00	0,31%	885,66	1	2,75
25	08/07/08,	08/07/08,	EURUSD	S	1,542	1,540	12,00	1,01%	888,41	1	9,75
26	08/07/08,	08/07/08,	EURUSD	S	1,541	1,540	10,00	0,86%	898,16	1	7,75
27	08/07/08,	08/07/08,	EURUSD	S	1,540	1,539	7,00	0,52%	905,91	1	4,75
28	08/07/08,	08/07/08,	EURUSD	S	1,539	1,538	10,00	0,85%	910,66	1	7,75
29	08/07/08,	08/07/08,	EURUSD	S	1,537	1,537	7,00	0,52%	918,41	1	4,75
30	08/07/08,	08/07/08,	EURUSD	S	1,537	1,537	6,00	0,41%	923,16	1	3,75
31	08/07/08,	08/07/08,	EURUSD	S	1,534	1,532	19,00	1,81%	926,91	1	16,75
32	08/07/08,	08/07/08,	EURUSD	S	1,532	1,532	5,00	0,29%	943,66	1	2,75

Continuación Tabla

Nº	Fecha, hora inicio	Fecha, hora cierre	Par	Tipo	Precio Entrada	Precio Salida	Dif. Bruta pips	Rent. Neta	CAPITAL PROPIO	Nº lotes	U$ Result Neto
33	08/07/08,	08/07/08,	EURUSD	B	1,532	1,532	4,00	0,18%	946,41	1	1,75
34	08/08/08,	08/08/08,	EURUSD	S	1,508	1,506	13,00	1,13%	948,16	1	10,75
35	08/08/08,	08/08/08,	EURUSD	B	1,508	1,506	-19,00	-2,22%	958,91	1	-21,25
36	08/08/08,	08/08/08,	EURUSD	S	1,507	1,505	16,00	1,47%	937,66	1	13,75
37	08/08/08,	08/08/08,	EURUSD	S	1,506	1,505	8,00	0,60%	951,41	1	5,75
38	08/08/08,	08/10/08,	EURUSD	B	1,496	1,496	1,00	-0,26%	957,16	2	-2,50
39	08/10/08,	08/10/08,	EURUSD	S	1,496	1,495	13,00	1,13%	954,66	1	10,75
40	08/10/08,	08/10/08,	EURUSD	S	1,495	1,494	7,00	0,98%	965,41	2	9,50
41	08/10/08,	08/10/08,	EURUSD	S	1,495	1,494	8,00	0,59%	974,91	1	5,75
42	08/10/08,	08/10/08,	EURUSD	S	1,494	1,493	6,00	0,38%	980,66	1	3,75
43	08/10/08,	08/10/08,	EURUSD	S	1,494	1,493	6,00	0,76%	984,41	2	7,50
44	08/11/08,	08/11/08,	EURUSD	S	1,501	1,499	19,00	3,38%	991,91	2	33,50
45	08/11/08,	08/11/08,	EURUSD	S	1,501	1,499	19,00	1,63%	1.025,41	1	16,75
46	08/11/08,	08/11/08,	EURUSD	S	1,498	1,497	6,00	0,36%	1.042,16	1	3,75
47	08/11/08,	08/11/08,	EURUSD	S	1,501	1,500	12,00	3,73%	1.045,91	4	39,00
48	08/11/08,	08/11/08,	EURUSD	S	1,499	1,499	-5,00	-1,34%	1.084,91	2	-14,50

Continuación Tabla

Nº	Fecha, hora inicio	Fecha, hora cierre	Par	Tipo	Precio Entrada	Precio Salida	Dif. Bruta pips	Rent. Neta	CAPITAL PROPIO	Nº lotes	U$ Result Neto
49	08/11/08,	08/11/08,	EURUSD	S	1,498	1,500	-12,00	**-2,66%**	1.070,41	2	-28,50
50	08/11/08,	08/11/08,	EURUSD	S	1,498	1,497	10,00	1,49%	1.041,91	2	15,50
51	08/11/08,	08/11/08,	EURUSD	B	1,491	1,492	4,00	0,33%	1.057,41	2	3,50
52	08/11/08,	08/11/08,	EURUSD	S	1,490	1,489	11,00	1,65%	1.060,91	2	17,50
53	08/12/08,	08/12/08,	EURUSD	B	1,493	1,494	15,00	2,36%	1.078,41	2	25,50
54	08/12/08,	08/12/08,	EURUSD	B	1,494	1,495	10,00	1,40%	1.103,91	2	15,50
55	08/12/08,	08/12/08,	EURUSD	B	1,494	1,494	-2,00	**-0,76%**	1.119,41	2	-8,50
56	08/12/08,	08/12/08,	EURUSD	S	1,493	1,494	-9,00	**-1,01%**	1.110,91	1	-11,25
57	08/12/08,	08/12/08,	EURUSD	B	1,494	1,495	8,00	0,52%	1.099,66	1	5,75
58	08/12/08,	08/12/08,	EURUSD	B	1,495	1,496	10,00	0,70%	1.105,41	1	7,75
59	08/12/08,	08/12/08,	EURUSD	S	1,490	1,490	4,00	0,31%	1.113,16	2	3,50
60	08/12/08,	08/12/08,	EURUSD	B	1,495	1,493	-19,00	**-3,81%**	1.116,66	2	-42,50
61	08/12/08,	08/12/08,	EURUSD	S	1,493	1,492	8,00	1,07%	1.074,16	2	11,50
62	08/12/08,	08/12/08,	EURUSD	B	1,490	1,491	8,00	1,06%	1.085,66	2	11,50
63	08/12/08,	08/12/08,	EURUSD	B	1,491	1,492	10,00	1,41%	1.097,16	2	15,50
64	08/12/08,	08/13/08,	EURUSD	S	1,489	1,489	4,00	0,31%	1.112,66	2	3,50

Continuación Tabla

Nº	Fecha, hora inicio	Fecha, hora cierre	Par	Tipo	Precio Entrada	Precio Salida	Dif. Bruta pips	Rent. Neta	CAPITAL PROPIO	Nº lotes	U$ Result Neto
65	08/13/08,	08/13/08,	EURUSD	B	1,489	1,490	5,00	0,49%	1.116,16	2	5,50
66	08/13/08,	08/13/08,	EURUSD	S	1,490	1,489	3,00	0,13%	1.121,66	2	1,50
67	08/13/08,	08/13/08,	EURUSD	B	1,491	1,489	-17,00	-1,71%	1.123,16	1	-19,25
68	08/13/08,	08/13/08,	EURUSD	S	1,489	1,487	19,00	1,52%	1.103,91	1	16,75
69	08/13/08,	08/13/08,	EURUSD	S	1,488	1,487	14,00	1,05%	1.120,66	1	11,75
70	08/13/08,	08/13/08,	EURUSD	B	1,486	1,486	3,00	0,07%	1.132,41	1	0,75
71	08/13/08,	08/13/08,	EURUSD	S	1,489	1,487	17,00	1,30%	1.133,16	1	14,75
72	08/13/08,	08/13/08,	EURUSD	S	1,486	1,487	-12,00	-1,24%	1.147,91	1	-14,25
73	08/13/08,	08/13/08,	EURUSD	B	1,490	1,490	7,00	0,84%	1.133,66	2	9,50
74	08/13/08,	08/13/08,	EURUSD	S	1,490	1,489	11,00	1,53%	1.143,16	2	17,50
75	08/13/08,	08/13/08,	EURUSD	S	1,488	1,488	1,00	-0,22%	1.160,66	2	-2,50
76	08/13/08,	08/13/08,	EURUSD	S	1,488	1,487	10,00	2,68%	1.158,16	4	31,00
77	08/13/08,	08/13/08,	EURUSD	B	1,488	1,489	4,00	0,29%	1.189,16	2	3,50
78	08/13/08,	08/13/08,	EURUSD	B	1,490	1,489	-15,00	-2,89%	1.192,66	2	-34,50
79	08/13/08,	08/13/08,	EURUSD	S	1,489	1,489	-4,00	-0,54%	1.158,16	1	-6,25
80	08/13/08,	08/14/08,	EURUSD	S	1,487	1,487	-2,00	-1,48%	1.151,91	4	-17,00

Continuación Tabla

Nº	Fecha, hora inicio	Fecha, hora cierre	Par	Tipo	Precio Entrada	Precio Salida	Dif. Bruta pips	Rent. Neta	CAPITAL PROPIO	Nº lotes	U$ Result Neto
81	08/13/08,	08/14/08,	EURUSD	S	1,488	1,487	17,00	2,60%	1.134,91	2	29,50
82	08/14/08,	08/14/08,	EURUSD	B	1,492	1,493	7,00	0,82%	1.164,41	2	9,50
83	08/14/08,	08/14/08,	EURUSD	S	1,492	1,491	4,00	0,30%	1.173,91	2	3,50
84	08/14/08,	08/14/03,	EURUSD	B	1,492	1,494	18,00	2,68%	1.177,41	2	31,50
85	08/14/08,	08/14/08,	EURUSD	B	1,493	1,494	11,00	1,45%	1.208,91	2	17,50
86	08/14/08,	08/14/08,	EURUSD	B	1,494	1,495	5,00	0,45%	1.226,41	2	5,50
87	08/14/08,	08/14/08,	EURUSD	S	1,490	1,489	8,00	0,93%	1.231,91	2	11,50
88	08/17/08,	08/17/08,	EURUSD	B	1,469	1,470	7,00	0,76%	1.243,41	2	9,50
89	08/17/08,	08/17/08,	EURUSD	S	1,473	1,473	-3,00	-0,84%	1.252,91	2	-10,50
90	08/17/08,	08/17/08,	EURUSD	S	1,468	1,474	-61,00	-10,18%	1.242,41	2	-126,50
91	08/17/08,	08/17/08,	EURUSD	B	1,474	1,475	10,00	2,78%	1.115,91	4	31,00
92	08/18/08,	08/18/08,	EURUSD	S	1,472	1,471	14,00	2,05%	1.146,91	2	23,50
93	08/18/08,	08/18/08,	EURUSD	S	1,470	1,470	1,00	-0,11%	1.170,41	1	-1,25
94	08/18/08,	08/18/08,	EURUSD	S	1,470	1,470	-2,00	-0,73%	1.169,16	2	-8,50
95	08/18/08,	08/18/08,	EURUSD	B	1,470	1,472	12,00	1,68%	1.160,66	2	19,50
96	08/18/08,	08/18/08,	EURUSD	B	1,472	1,473	4,00	0,30%	1.180,16	2	3,50

Continuación Tabla

Nº	Fecha, hora inicio	Fecha, hora cierre	Par	Tipo	Precio Entrada	Precio Salida	Dif. Bruta pips	Rent. Neta	CAPITAL PROPIO	Nº lotes	U$ Result Neto
97	08/18/08,	08/18/08,	EURUSD	S	1,473	1,473	4,00	0,30%	1.183,66	2	3,50
98	08/18/08,	08/18/08,	EURUSD	S	1,473	1,473	0,00	**-0,38%**	1.187,16	2	-4,50
99	08/18/08,	08/18/08,	EURUSD	S	1,469	1,469	9,00	1,14%	1.182,66	2	13,50
100	08/18/08,	08/18/08,	EURUSD	S	1,470	1,469	10,00	0,65%	1.196,16	1	7,75
101	08/18/08,	08/18/08,	EURUSD	S	1,468	1,468	8,00	0,96%	1.203,91	2	11,50
102	08/18/08,	08/18/08,	EURUSD	S	1,467	1,468	-2,00	**-0,70%**	1.215,41	2	-8,50
103	08/18/08,	08/18/08,	EURUSD	B	1,468	1,468	1,00	**-0,21%**	1.206,91	2	-2,50
104	08/18/08,	08/19/08,	EURUSD	S	1,468	1,466	18,00	2,62%	1.204,41	2	31,50
105	08/19/08,	08/19/08,	EURUSD	B	1,468	1,470	17,00	2,39%	1.235,91	2	29,50
		Rentabilidad Neta Promedio de cada transacción						0,69%		169	634,75

b.- Respaldo Cuenta

Acct ID:

Address:

Customer name

Base Currency:

Account Transactions (Simple)

Date/Time	Instrument	Lot	B/S	Open Date/Time	Open	Close	G$P/L	N$P/L	Balance	Equity
08/04/08, 9:27:49	EURUSD	1	B	08/04/08, 9:00:23	15.573	15.578	5.00	2.75	633.66	633.66
08/04/08, 10:01:27	EURUSD	1	B	08/04/08, 9:56:05	15.588	15.595	7.00	4.75	638.41	638.41
08/04/08, 10:58:03	EURUSD	1	S	08/04/08, 10:35:20	15.618	15.611	7.00	4.75	643.16	643.16
08/04/08, 11:31:51	EURUSD	1	S	08/04/08, 11:21:05	15.607	15.600	7.00	4.75	645.66	652.66
08/04/08, 12:09:13	EURUSD	1	S	08/04/08, 11:21:06	15.607	15.571	36.00	33.75	681.66	681.66
08/04/08, 17:04:28	EURUSD	1	S	08/04/08, 16:11:11	15.577	15.575	2.00	-1.52	678.62	663.62
08/05/08, 11:09:28	EURUSD	1	S	08/05/08, 8:40:06	15.479	15.469	10.00	7.75	679.62	519.62
08/05/08, 11:09:28	EURUSD	1	S	08/05/08, 8:59:13	15.476	15.469	7.00	4.75	686.62	519.62

Continuación Respaldo Cuenta

Date/Time	Instrument	Lot	B/S	Open Date/Time	Open	Close	G$P/L	N$P/L	Balance	Equity
08/05/08, 16:31:32	EURUSD	3	S	08/05/08, 11:23:27	15.462	15.452	30.00	23.25	709.87	491.87
08/06/08, 3:00:30	EURUSD	1	B	08/05/08, 16:43:29	15.457	15.515	58.00	56.48	757.98	542.98
08/06/08, 3:00:30	EURUSD	2	B	08/05/08, 8:35:32	15.490	15.515	50.00	46.96	807.98	542.98
08/06/08, 3:00:30	EURUSD	1	B	08/04/08, 14:11:08	15.588	15.515	-73.00	-73.79	734.98	542.98
08/06/08, 9:38:00	EURUSD	3	S	08/05/08, 16:39:36	15.453	15.420	99.00	88.44	833.98	833.98
08/06/08, 11:12:40	EURUSD	1	S	08/06/08, 11:07:01	15.420	15.412	8.00	5.75	839.73	839.73
08/06/08, 11:29:55	EURUSD	1	S	08/06/08, 11:25:14	15.409	15.401	8.00	5.75	845.48	845.48
08/06/08, 13:13:13	EURUSD	1	B	08/06/08, 12:36:26	15.427	15.431	4.00	1.75	844.98	833.98
08/06/08, 14:49:09	EURUSD	1	S	08/06/08, 12:34:12	15.422	15.417	5.00	2.75	847.73	851.73
08/06/08, 14:50:10	EURUSD	1	S	08/06/08, 13:58:34	15.421	15.416	5.00	2.75	852.73	852.73
08/07/08, 8:33:39	EURUSD	1	B	08/07/08, 8:30:54	15.486	15.501	15.00	12.75	857.17	736.17

Continuación Respaldo Cuenta

Date/Time	Instrument	Lot	B/S	Open Date/Time	Open	Close	G$P/L	N$P/L	Balance	Equity
08/07/08, 8:35:35	EURUSD	1	S	08/07/08, 8:24:37	15.475	15.465	10.00	7.75	867.17	812.17
08/07/08, 8:43:20	EURUSD	1	S	08/07/08, 8:40:32	15.451	15.441	10.00	7.75	874.92	843.92
08/07/08, 8:51:11	EURUSD	1	S	08/07/08, 8:48:34	15.438	15.425	13.00	10.75	885.67	870.67
08/07/08, 8:55:34	EURUSD	1	B	08/07/08, 8:53:24	15.425	15.420	-5.00	-7.25	878.42	866.42
08/07/08, 9:01:50	EURUSD	1	S	08/06/08, 15:12:46	15.410	15.405	5.00	-1.06	883.42	883.42
08/07/08, 9:08:45	EURUSD	1	S	08/07/08, 9:06:24	15.415	15.403	12.00	9.75	893.17	893.17
08/07/08, 9:17:25	EURUSD	1	S	08/07/08, 9:13:21	15.410	15.400	10.00	7.75	900.92	900.92
08/07/08, 9:55:16	EURUSD	1	S	08/07/08, 9:29:15	15.396	15.389	7.00	4.75	905.67	905.67
08/07/08, 10:00:33	EURUSD	1	S	08/07/08, 10:00:16	15.388	15.378	10.00	7.75	913.42	913.42
08/07/08, 10:03:23	EURUSD	1	S	08/07/08, 10:00:53	15.373	15.366	7.00	4.75	918.17	918.17
08/07/08, 10:20:15	EURUSD	1	S	08/07/08, 10:12:53	15.371	15.365	6.00	3.75	921.92	921.92

Continuación Respaldo Cuenta

Date/Time	Instrument	Lot	B/S	Open Date/Time	Open	Close	G$P/L	N$P/L	Balance	Equity
08/07/08, 12:49:17	EURUSD	1	S	08/07/08, 12:18:47	15.340	15.321	19.00	16.75	938.67	938.67
08/07/08, 13:38:21	EURUSD	1	S	08/07/08, 13:34:43	15.321	15.316	5.00	2.75	941.42	941.42
08/07/08, 17:07:45	EURUSD	1	B	08/07/08, 16:33:17	15.320	15.324	4.00	2.43	943.85	943.85
08/08/08, 9:31:58	EURUSD	1	S	08/08/08, 8:54:55	15.075	15.062	13.00	10.75	947.85	924.85
08/08/08, 9:34:51	EURUSD	1	B	08/08/08, 8:55:48	15.080	15.061	-19.00	-21.25	928.85	923.85
08/08/08, 9:44:43	EURUSD	1	S	08/08/08, 8:48:13	15.065	15.049	16.00	13.75	944.85	951.85
08/08/08, 9:44:51	EURUSD	1	S	08/08/08, 8:42:48	15.056	15.048	8.00	5.75	952.85	952.85
08/10/08, 19:11:14	EURUSD	2	B	08/10/08, 18:16:23	14.959	14.960	2.00	-2.50	941.35	900.35
08/10/08, 19:49:32	EURUSD	1	S	08/10/08, 19:10:29	14.961	14.948	13.00	10.75	954.35	956.35
08/10/08, 19:49:46	EURUSD	2	S	08/10/08, 18:23:19	14.948	14.941	14.00	9.50	968.35	977.35
08/10/08, 19:49:48	EURUSD	1	S	08/10/08, 18:49:54	14.950	14.942	8.00	5.75	976.35	976.35

Continuación Respaldo Cuenta

Date/Time	Instrument	Lot	B/S	Open Date/Time	Open	Close	G$P/L	N$P/L	Balance	Equity
08/10/08, 19:53:51	EURUSD	1	S	08/10/08, 19:50:14	14.935	14.929	6.00	3.75	975.60	989.60
08/10/08, 19:53:51	EURUSD	2	S	08/10/08, 19:50:16	14.935	14.929	12.00	7.50	987.60	987.60
08/11/08, 8:56:04	EURUSD	2	S	08/11/08, 8:49:07	15.008	14.989	38.00	33.50	1,018.85	1,036.85
08/11/08, 8:56:11	EURUSD	1	S	08/11/08, 8:47:58	15.007	14.988	19.00	16.75	1,037.85	1,037.85
08/11/08, 8:58:56	EURUSD	1	S	08/11/08, 8:57:49	14.979	14.973	6.00	3.75	1,041.60	1,041.60
08/11/08, 10:01:05	EURUSD	4	S	08/11/08, 9:37:02	15.011	14.999	48.00	39.00	1,071.60	1,019.60
08/11/08, 11:03:58	EURUSD	2	S	08/11/08, 9:22:59	14.989	14.994	-10.00	-14.50	1,061.60	1,039.60
08/11/08, 11:04:19	EURUSD	2	S	08/11/08, 9:11:22	14.983	14.995	-24.00	-28.50	1,037.60	1,037.60
08/11/08, 11:54:05	EURUSD	2	S	08/11/08, 11:37:51	14.977	14.967	20.00	15.50	1,053.10	1,053.10
08/11/08, 20:00:27	EURUSD	2	B	08/11/08, 17:00:29	14.912	14.916	8.00	3.50	1,049.56	1,005.56
08/11/08, 21:04:47	EURUSD	2	S	08/11/08, 16:15:59	14.896	14.885	22.00	14.96	1,071.56	1,071.56

Continuación Respaldo Cuenta

Date/Time	Instrument	Lot	B/S	Open Date/Time	Open	Close	G$P/L	N$P/L	Balance	Equity
08/12/08, 8:39:39	EURUSD	2	B	08/12/08, 8:37:56	14.925	14.940	30.00	25.50	1,097.06	1,097.06
08/12/08, 8:46:35	EURUSD	2	B	08/12/08, 8:44:20	14.938	14.948	20.00	15.50	1,112.56	1,112.56
08/12/08, 8:58:53	EURUSD	2	B	08/12/08, 8:48:07	14.940	14.938	-4.00	-8.50	1,101.81	1,091.81
08/12/08, 9:05:45	EURUSD	1	S	08/12/08, 8:55:32	14.930	14.939	-9.00	-11.25	1,092.81	1,092.81
08/12/08, 9:09:51	EURUSD	1	B	08/12/08, 9:06:15	14.942	14.950	8.00	5.75	1,096.31	1,101.31
08/12/08, 9:14:29	EURUSD	1	B	08/12/08, 9:06:43	14.945	14.955	10.00	7.75	1,106.31	1,106.31
08/12/08, 12:40:58	EURUSD	2	S	08/12/08, 10:23:27	14.900	14.896	8.00	3.50	1,105.31	1,003.31
08/12/08, 14:11:55	EURUSD	2	B	08/12/08, 9:40:08	14.945	14.926	-38.00	-42.50	1,067.31	1,067.31
08/12/08, 14:55:32	EURUSD	2	S	08/12/08, 14:12:03	14.925	14.917	16.00	11.50	1,078.81	1,078.81
08/12/08, 20:40:31	EURUSD	2	B	08/12/08, 20:30:47	14.901	14.909	16.00	11.50	1,085.81	1,051.81
08/12/08, 20:55:07	EURUSD	2	B	08/12/08, 20:42:03	14.913	14.923	20.00	15.50	1,101.31	1,039.31

Continuación Respaldo Cuenta

Date/Time	Instrument	Lot	B/S	Open Date/Time	Open	Close	G$P/L	N$P/L	Balance	Equity
08/13/08, 6:10:06	EURUSD	2	S	08/12/08, 20:12:41	14.894	14.890	8.00	3.50	1,109.31	1,109.31
08/13/08, 7:40:22	EURUSD	2	B	08/13/08, 7:37:17	14.890	14.895	10.00	5.50	1,114.81	1,114.81
08/13/08, 9:29:42	EURUSD	2	S	08/13/08, 7:42:12	14.896	14.893	6.00	1.50	1,114.06	1,096.06
08/13/08, 9:49:50	EURUSD	1	B	08/13/08, 9:26:29	14.909	14.892	-17.00	-19.25	1,092.56	1,077.56
08/13/08, 9:58:20	EURUSD	1	S	08/13/08, 9:40:11	14.889	14.870	19.00	16.75	1,111.56	1,125.56
08/13/08, 9:58:20	EURUSD	1	S	08/13/08, 9:35:04	14.884	14.870	14.00	11.75	1,125.56	1,125.56
08/13/08, 10:27:39	EURUSD	1	B	08/13/08, 10:17:30	14.860	14.863	3.00	0.75	1,126.31	1,126.31
08/13/08, 10:58:40	EURUSD	1	S	08/13/08, 10:41:34	14.889	14.872	17.00	14.75	1,138.81	1,127.81
08/13/08, 11:01:08	EURUSD	1	S	08/13/08, 10:29:36	14.861	14.873	-12.00	-14.25	1,126.81	1,126.81
08/13/08, 12:06:13	EURUSD	2	B	08/13/08, 12:00:31	14.896	14.903	14.00	9.50	1,136.31	1,136.31
08/13/08, 21:11:41	EURUSD	2	S	08/13/08, 20:47:25	14.900	14.889	22.00	17.50	1,149.31	1,115.31

150

Continuación Respaldo Cuenta

Date/Time	Instrument	Lot	B/S	Open Date/Time	Open	Close	G$P/L	N$P/L	Balance	Equity
08/13/08, 21:29:43	EURUSD	2	S	08/13/08, 21:13:07	14.877	14.876	2.00	-2.50	1,142.31	1,066.31
08/13/08, 21:41:25	EURUSD	4	S	08/13/08, 21:36:43	14.879	14.869	40.00	31.00	1,173.31	1,069.31
08/13/08, 22:00:34	EURUSD	2	B	08/13/08, 21:14:23	14.882	14.886	8.00	3.50	1,172.31	1,044.31
08/13/08, 22:15:21	EURUSD	2	B	08/13/08, 20:53:25	14.904	14.889	-30.00	-34.50	1,137.81	1,019.81
08/13/08, 23:07:55	EURUSD	1	S	08/13/08, 22:16:11	14.888	14.892	-4.00	-6.25	1,131.56	1,007.56
08/14/08, 1:47:15	EURUSD	4	S	08/13/08, 21:41:51	14.865	14.867	-8.00	-17.00	1,123.56	1,157.56
08/14/08, 1:47:15	EURUSD	2	S	08/13/08, 22:04:33	14.884	14.867	34.00	29.50	1,157.56	1,157.56
08/14/08, 7:34:03	EURUSD	2	B	08/14/08, 7:30:58	14.918	14.925	14.00	9.50	1,167.06	1,167.06
08/14/08, 7:45:34	EURUSD	2	S	08/14/08, 7:36:46	14.918	14.914	8.00	3.50	1,166.06	1,146.06
08/14/08, 8:32:25	EURUSD	2	B	08/14/08, 7:41:06	14.922	14.940	36.00	31.50	1,202.06	1,202.06
08/14/08, 8:37:19	EURUSD	2	B	08/14/08, 8:35:11	14.932	14.943	22.00	17.50	1,219.56	1,219.56

www.savingtrust.cl

Continuación Respaldo Cuenta

Date/Time	Instrument	Lot	B/S	Open Date/Time	Open	Close	G$P/L	N$P/L	Balance	Equity
08/14/08, 8:46:20	EURUSD	2	B	08/14/08, 8:38:10	14.941	14.946	10.00	5.50	1,225.06	1,225.06
08/14/08, 9:06:38	EURUSD	2	S	08/14/08, 9:00:34	14.901	14.893	16.00	11.50	1,236.56	1,236.56
08/17/08, 19:47:11	EURUSD	2	B	08/17/08, 19:34:27	14.690	14.697	14.00	9.50	1,241.56	1,205.56
08/17/08, 22:23:24	EURUSD	2	S	08/17/08, 21:27:06	14.729	14.732	-6.00	-10.50	1,222.06	1,100.06
08/17/08, 23:12:31	EURUSD	2	S	08/17/08, 19:26:31	14.681	14.742	-122.00	-126.50	1,100.06	1,120.06
08/17/08, 23:25:05	EURUSD	4	B	08/17/08, 21:37:25	14.735	14.745	40.00	31.00	1,140.06	1,140.06
08/18/08, 8:47:55	EURUSD	2	S	08/18/08, 8:41:20	14.722	14.708	28.00	23.50	1,163.56	1,163.56
08/18/08, 10:33:10	EURUSD	1	S	08/18/08, 8:59:18	14.696	14.695	1.00	-1.25	1,157.81	1,159.81
08/18/08, 10:34:30	EURUSD	2	S	08/18/08, 8:49:18	14.696	14.698	-4.00	-8.50	1,153.81	1,153.81
08/18/08, 11:37:49	EURUSD	2	B	08/18/08, 11:00:11	14.704	14.716	24.00	19.50	1,173.31	1,173.31
08/18/08, 11:56:07	EURUSD	2	B	08/18/08, 11:38:40	14.721	14.725	8.00	3.50	1,176.81	1,176.81

Continuación Respaldo Cuenta

Date/Time	Instrument	Lot	B/S	Open Date/Time	Open	Close	G$P/L	N$P/L	Balance	Equity
08/18/08, 13:09:32	EURUSD	2	S	08/18/08, 12:59:20	14.734	14.730	8.00	3.50	1,175.81	1,155.81
08/18/08, 13:31:55	EURUSD	2	S	08/18/08, 13:11:21	14.730	14.730	0.00	-4.50	1,171.31	1,151.31
08/18/08, 17:44:38	EURUSD	2	S	08/18/08, 15:48:35	14.694	14.685	18.00	11.18	1,181.56	1,080.56
08/18/08, 17:44:38	EURUSD	1	S	08/18/08, 17:37:13	14.695	14.685	10.00	7.75	1,191.56	1,079.56
08/18/08, 18:00:32	EURUSD	2	S	08/18/08, 17:50:30	14.684	14.676	16.00	11.50	1,203.06	1,075.06
08/18/08, 20:49:29	EURUSD	2	S	08/18/08, 18:01:43	14.673	14.675	-4.00	-8.50	1,194.56	1,064.56
08/18/08, 21:19:54	EURUSD	2	B	08/18/08, 20:57:48	14.682	14.683	2.00	-2.50	1,192.06	1,082.06
08/19/08, 1:54:34	EURUSD	2	S	08/18/08, 21:22:28	14.682	14.664	36.00	31.50	1,223.56	1,071.56
08/19/08, 6:51:59	EURUSD	2	B	08/19/08, 6:40:16	14.684	14.701	34.00	29.50	1,253.06	1,179.06
Totals for settled trades							1,015.00	625.33		
Totals for the period							1,015.00	617.65		

www.savingtrust.cl

Continuación Respaldo Cuenta

Beginning Balance: 630.91		Ending Balance: 1,248.56	
Total Gross $P/L: 1,015.00		Total Gross $P/L from open positions: -114.00	
Commission: -173.00		**Equity: 1,134.56**	
Transaction fee: -216.25		Used Margin: 400.00	
Swap prem/fee: -8.10		Usable Margin: 734.56	

ACERCA DEL AUTOR

José A. Meli Mundi nació en Santiago de Chile en 1949, es casado con Cecilia Saavedra y padre de cuatro hijos: Emilia, Conrado, Romina y Silvana.

Realizó sus primeros estudios en la Scuola Italiana, y posteriormente se graduó de Ingeniero Civil Químico en la Universidad Técnica del Estado en 1972. Se ha desempeñado durante su carrera profesional en el área minera y forestal, ocupando cargos como Superintendente de Planta de Pellets de CAP, Ingeniero Jefe de Proyecto de Sociedad Minera Pudahuel SMP, Gerente de Operaciones de SOQUIMICH, Gerente de Proyecto CORRAL, Gerente de Desarrollo de TERRANOVA y como Gerente del Proyecto Salitrero MINERA YOLANDA. Aunque su formación universitaria lo ha orientado hacia la industria, desde muy temprano mantuvo su pasión y pasatiempo por los estudios bursátiles, estadísticos y de economía.

www.savingtrust.cl

En 1994 creó la empresa GOLDEN INVESTMENT & SERVICE Ltda. para asesoría a clientes en renta variable en bolsa chilena, la cual a partir del año 2000 se relanzó como strikeoption.com.

En 2005 fundó la empresa SAVING TRUST S.A. donde se desempeña actualmente como Gerente de Operaciones.

Ha sido profesor de la Cátedra de Mercado de Capitales en la Universidad de Las Condes en 1997, y participó desde 1998 como profesor invitado al MBA de la Universidad de Chile para el Módulo Estrategias de Inversión. Además ha sido columnista de El Diario Financiero entre 1997 y 2003.

Es autor del libro: *El Sorprendente Mundo De La Bolsa*" publicado por Dolmen, Gestión y Economía en 1996, el cual a partir de 2007 es publicado por ByN para amazon.com

ACERCA DE SAVING TRUST

SAVING TRUST S.A. es una empresa independiente de los grandes conglomerados financieros, bajo la forma de sociedad anónima, con personalidad jurídica y capital propio, inscrita en el Registro de Comercio de Chile y regulada por el Servicio de Impuestos Internos (SII) bajo toda su normativa pertinente para el rubro de actividades que desarrolla. El grupo de directores de **SAVING TRUST** tiene una larga y reconocida trayectoria en el ámbito financiero y de las transacciones online.

El mercado objetivo de **SAVING TRUST S.A.** está conformado por personas naturales y empresas de América Latina que deseen invertir de una manera distinta, específicamente aquellas que poseen un alto patrimonio financiero, y desean optar a alternativas más rentables y flexibles que las tradicionales. Su misión es el manejo integral de los excedentes financieros invirtiendo en variados instrumentos

www.savingtrust.cl

en los mercados locales e internacionales, en forma rentable y segura, acompañada de una atención personalizada de excelencia.

La experiencia de **SAVING TRUST** en inversiones junto con un servicio personalizado, confidencialidad y discreción de su trabajo, le permite ofrecer a sus clientes un mundo de alternativas para sus inversiones, a través de las siguientes líneas de negocios:

www.strikeoption.com

www.portalfondosmutuos.cl

www.monedasonline.com

www.savingexchange.cl

Sus servicios han sido complementados con un excelente servicio de CASA DE CAMBIO para sus clientes, a través de **SAVING EXCHANGE**, lo que resulta en atractivos precios de cambio de divisas para sus operaciones y puntualidad las transferencias de fondos.

SAVING TRUST presta sus servicios en América Latina, principalmente en Chile por la ventaja de ser local, como también en Argentina, Perú, Venezuela, Colombia y México.

LIBROS RECOMENDADOS

- Todo Sobre La Bolsa: Acerca de los Toros y los Osos, José Meli
- Piense y Hágase Rico, Napoleon Hill
- El Sistema Para Alcanzar El Éxito Que Nunca Falla, W. Clement Stone
- La Ciencia de Hacerse Rico, Wallace D. Wattles
- El Hombre Más Rico de Babilonia, George S. Clason
- El Secreto Más Raro, Earl Nightingale
- El Arte de la Guerra, Sun Tzu
- Cómo Gané $2,000,000 en la Bolsa, Nicolas Darvas
- Como un Hombre Piensa Así es Su Vida, James Allen
- El Poder de La Mente Subconsciente, Dr. Joseph Murphy
- La Llave Maestra, Charles F. Haanel
- Análisis Técnico de la Tendencia de los Valores, Robert D. Edwards - John Magee

Disponibles en www.bnpublishing.net